エプロン手帖

はじめに

「好きな人に料理を作るときと、好きじゃない人に料理を作るとき、どんなふうに作り分けていますか？」

先日、小学生からこんな質問をされました。私は「相手が誰だろうと全然関係ありません。いつもおいしく作ります」と答えました。だって、私も一緒に食べるんだから、おいしくないのは絶対に嫌です。人によって作り分けよう、なんていう態度はごちそうする人に失礼だし、料理にも、食材にも失礼です。食材にはいつも敬意をもって接したいと思います。

私はいつも「食材には人格がある」と言っています。例えばきゅうりの人格はシャキシャキの歯ごたえ。なすならきれいな紫色。れんこんみたいに調理方法によってネバネバしたり、カリカリしたり、ホクホクしたり、いろいろ変わる人格もある。料理をするときは食材の人格を尊重することが大切。そうすると食材たちにも気持ちが伝わって、自然とおいしくなるものです。

『エプロン手帖』は二十八年前に出した本をリニューアルしたもの。ちょうど子どもたちが成長して、私の手から離れた頃です。五十一の食材にまつわるエッセイを思いつくままに書きました。

いちばんの思い出は、私が自分で写真を撮ったこと。料理を盛る器を考えたり、背景に和田さんのポスターや自分のブラウスを敷いたり、スタイリングも自分でやりました。「明日の写真はどうしようかな、何しようかな」って寝る前に考えて、次の日の朝に写真を撮る毎日。仕事に行く前の和田さんを「ちょっと手伝って」なんて引き留めて。

慣れない写真は緊張するし、忙しいし、大変だったけど、楽しかったな。また和田さんと一緒に写真を撮って、こんな本を作りたい、なんて思っちゃいます。

令和五年二月吉日

平野レミ

エプロン手帖　目次

カバーイラスト　和田誠
本文イラスト　舟橋全二
写真　平野レミ
調理協力　木嶋節子
装丁　川名潤

かつおぶしを削る音

結婚してちょうど二十年になる。ほんの三日だけ、気に入らなかったら帰ってきちゃおう、なんて軽い気持ちで結婚式も抜きで嫁に来て、そのまんま。子どもが二人。上はもう高校生、下は中学生。あっという間の二十年でした。

嫁入り道具なんて何もなかったけれど、今思い出すと、私が結婚して最初に買ったのは〝オカカ〟という器具だった。これは、かつおぶしを削る道具。もともと私は子どものころ、母がかつおぶしを削る音で、朝、目を覚ましていた。夫にそう言ったら、「おれもそうだった」と彼は言った。それで、かつおぶしを削る音と風景が、家庭のイメージとして私の心に定着したらしいのだった。

母が使っていたかつおぶし削りは、昔ながらのカンナ風のやつだった。あれは畳の上で腰を曲げて働く昔風な母のイメージである。私が買った〝オカカ〟はかつおぶしを下にはさんでハンドルを回すスタイルで、力もいらず楽なのだった。

かつおぶしのだしは、日本風の味つけの基本だと私は思っている。だから一所懸命〝オカカ〟でかつおぶしを削って、料理を作った。

けれども結婚二十年もたつとずうずうしくなって、だんだん削る手間を省くようになる。もちろんおひたしにちょっとのせるのなんかは削りたてがおいしいけれど、おつゆのだしなどは〝削りぶしパック〟を使っている。

お鍋に昆布を入れて水からグラグラ煮る。煮立ったらパックから取り出した削りぶしを入れ、もうひと煮立ちしたらざるを通して濾《こ》す。これは一番だし。大量に作って壜《びん》に入れ、冷蔵庫にしまう（暖かい季節には塩を少し入れるといい）。毎朝の味噌汁、お吸物、和風煮物、あえ物、うどん類など、何にでも使えて便利です。もちろん二番だしでもおいしい。

だしをとった後のかつおぶしは、醤油《しょうゆ》とみりんと酒で水分がとぶまで炒《い》り煮して、炒った白ごまを混ぜるとおいしいふりかけになる。

昆布も捨てない。水きってパクッと食べちゃう。

猫の器はタイ製。

ふりかけ

［材料］だし汁をとった後のかつおぶしのぬけがらひとつかみ　みりん大さじ2　醤油大さじ2　酒大さじ1　砂糖少々　白ごま適量

①だし汁をとった後のかつおぶしのぬけがらひとつかみに、みりん、醤油、酒、砂糖を加え、水分がとぶまで炒り煮して、フードプロセッサーにかけてパラパラにする。

②白ごまを炒って混ぜる。のりを混ぜてもいい。

かつおぶしのぬけがらといっても、一番だしをとっただけのもののほうがもちろんおいしくできる。

ペギー葉山さんと食べたかつお

テレビ番組の収録のために、ペギー葉山さんと一緒に四国に行ったことがある。高知に着くと町の人たちが、ペギーさんを「お帰りなさーい」と出迎える。ペギーさんは東京生まれの東京育ちだけど「南国土佐を後にして」という歌の大ヒットで、名誉高知県人になっているのだった。

ペギーさんと私は、四万十《しまんと》川《がわ》で舟に乗ったり、景色を見たり、おいしいものを食べたりした。おいしいものの中で印象深いのはやっぱり土佐名物かつおのたたき。

たたきは、ワラ火であぶるのが昔からの方法で、これは皮下脂肪をかつおの中身にしみ込ませるためなのだそうだ。微妙な味わいのためにするのだからワラも大切。昔と違って今のワラには農薬がついているので、本当の味を出すのがむずかしい、と土地の人が話してくれた。

かつおぶしは日本の味つけの基礎だから、干して固める魚にかつおを選んだ人はえらいと思う。ほかの魚もいろいろやってみたのだろうか。マグロぶしとかサメぶしとかや

って、やっぱりかつおぶしがいい、ということになったのだろうか。

ではここで私のオリジナルのかつおのサラダをご紹介します。

刺身用のかつおを買ってきて、食べやすい大きさに切り、濃いめのかつおだしと醤油のたれをかける。みょうが、しその葉はせん切りに、あさつきは小口切りにする。かつおと野菜をお皿に盛って軽く混ぜ、お皿ごと冷蔵庫に入れて冷やす。食べる前にのりを散らす。

それだけでもおいしいけど、これにもうひと手間かけてもいい。たっぷりのオリーブ油を熱して、にんにくスライスを炒める。お好みで多めに。にんにくの香りがいっぱいの油をにんにくスライスごとお皿のサラダにかける。かけるときは食べる人の前で。冷たいサラダに熱い油でジャーッとおいしそうな音がして、音も調味料になる。これに赤ピーマンのせん切りを散らすと、華やかな色になって、もっとおいしそう。

器はフランス、リモージュ製の“エジプト”という名のお皿。

かつおのサラダ

［材料］かつお（刺身用）¼尾　みょうが（せん切り）8個　青じその葉（せん切り）5枚　あさつき（小口切り）適量　焼きのり（せん切り）ひとつまみ　濃いめにとったかつおだし大さじ2〜3　醤油大さじ2〜3

①冷やしたかつおを5㎜幅に切って器に盛り、だしと醤油をかける。
②みょうが、しその葉、あさつきを加えてざっくり混ぜ、焼きのりをパラパラとのせる。オリーブ油やゴマ油をかけても。
具も器も冷やしておくとさらにおいしい。

安くておいしい、いわしはえらい

父の友人の絵描きさんが父に描いてくれた水墨画があって、いわしの大群が描いてある。数えきれないほどのいわしがみんないっせいに左を向いて泳いでいる絵だ。どうしてみんな同じ向きで描いたのかしらと私は小さいころ思っていた。でも水族館に行ってわかった。いわしたちはみんな同じ方向に泳ぐ習性を持っているのだった。弱い魚だから団体行動が必要なのでしょう。そういえばいわしは魚偏に弱いと書く、と気がついた。

いわしは弱いだけじゃなくて安い魚でもある。でもおいしい。安くておいしいのはえらいと私は思う。近所のスーパーに買い物に行くと、近所の奥さんたちと立ち話をする。「有名な○○さんはいわししか買わないのよ」なんて話題になる。私は○○さんを知っているけど、○○さんは安いから買うのではなく健康についてうるさい人なので、体のためを考えていわしを選んでいるのだ。青魚は確かに体にいいといわれている。

私も家族の健康が大事だから、「体にいいからこれを食べて」と食事どきに言うと、

夫は妻の愛情を理解せず、「そう言われるとクスリを食わされてるみたいだから、おいしいから食べてと言ってくれ」と言う。

新鮮ないわしはお刺身がおいしい。高い魚の刺身より上等と思えるくらい。でも刺身にするほど新鮮ないわしがいつも手に入るとはかぎらない。そこで塩焼き。これはスタンダードで間違いがない。

ポルトガルの海岸でいわしの塩焼きを食べたことがある。醬油がないだけで、日本とおんなじ味だった。

いわしの蒲焼《かば》き。いわしの両面に小麦粉をつけて焼き、醬油、酒、砂糖、みりんを混ぜたたれにからませ、ご飯にのせる。

いわしの梅味てんぷら。いわしを三枚におろして、内側にしその葉と梅干の果肉を包むようにしてくるっと巻き、楊枝《ようじ》でとめててんぷらのように衣をつけて揚げる。しそと梅が魚のなまぐささを消し、ビールにもぴったり、ご飯のおかずにしても大好評。

親戚のおじさんが焼いて、プレゼントしてくれた器。

いわしの蒲焼き

［材料］ いわし4尾　砂糖大さじ1強　醤油大さじ2　酒大さじ1
みりん小さじ2　ご飯4杯分　小麦粉、木の芽各適量

①いわしのわたを取り、手開きにして骨を抜く。
②小麦粉をまぶし、油でカリッと炒め焼きする。
③砂糖、醤油、酒、みりんを鍋に入れてとろっとするまで煮つめ、
②にからませる。
④あったかご飯にのせ、木の芽を添える。
好みでおろししょうがをのせるのもいい。

熊は鮭をかついで帰る？

私の父が書いた『レミは生きている』という本がある。そのレミは私の名前じゃなくて、『家なき子』の主人公の名前。アメリカ人の祖父が、ミックスの父を「レミ」と呼んだ。父は戦後、差別されていたミックスの子どもたちを大勢家に招いて「レミの会」と名づけた。大勢の子どもたちに母が料理を作り、それを手伝ったのが、私の料理の出発点だった。

父の子どものころとレミの会のことを書いたのが『レミは生きている』で、その後その本をもとにしてラジオのドキュメンタリー番組が作られ、賞を取った。制作が北海道放送だったので、記念に大きな木彫りの熊が父に贈られた。その熊が玄関に飾られていたから、小学生のころからその熊はおなじみだった。

その熊は鮭を口にくわえている。熊が鮭をとるということを、それで知った。夫の話ではとったたくさんの鮭を熊が笹に通してかついで帰るという。熊は笹の先を結ぶこと

を知らないから、鮭は一尾ずつ落ちてゆく。山の中で人がその鮭を拾って食べるらしい。本当かしら。

子どものころから鮭缶が大好きで、中に入っている骨がとりわけ好きだった。かたそうなのに口に入れるとホロホロくずれる感触がたまらない。カルシウムがいっぱいだから、最近ではその骨のところだけ缶詰になっている。

鮭のアラを大ぶりに切って、熱湯でさっとゆで、大根、にんじん、ごぼう、豆腐、こんにゃくと一緒にだし汁で煮て、酒粕、味噌を入れるとおいしい鮭の粕汁になる。

切り身をバターソテーして、スープを少し加え、蒸し煮する。蒸し汁にホワイトソースを加え、ゆでた野菜（カリフラワー、ブロッコリー、さやいんげんなど）を入れて、塩、胡椒《こしょう》、白ワインまたは日本酒で風味をつける。

塩鮭を焼いてほぐしてしその葉のみじんと一緒にご飯に混ぜ、白ごまをふる。これはおいしいお弁当。

鮭のムース。プロセッサーにかけた鮭に生クリームとゼラチンを加えて固めたムースです。

器はウェッジウッドの皿、バックは私のブラウス。

鮭のムース

［材料］鮭100g　生クリーム½カップ　ゼラチン4g　卵白1個分
塩、胡椒、粉末タイム各少々　白ワイン大さじ2　レモン汁大さじ1　ムースのコーティング｛チキンコンソメ½カップ　ゼラチン2.5g　赤ピーマン、黒オリーブ各適量｝

①鮭に粉末タイム少々と白ワイン（大さじ1）をふって蒸す。これをプロセッサーにかけてボウルに移し、生クリーム、ふやかしたゼラチンを加え、さらに塩、胡椒、白ワイン（大さじ1）、レモン汁を加える（生クリームを一緒にプロセッサーにかけるとボソボソになる）。

②卵白を泡立てておき、①に加えてさっくり混ぜる。

③型を用意して、オリーブ、ピーマンを適当に切って底に入れ、温めたコンソメにゼラチンを溶かしたコーティング材を流し、固まったら②を流し入れて固める。

左ひらめの右かれい

もう二十年以上前、夫と初デートで食事をしたとき、そのお店で突出しに干した小さな変な魚が出た。全員ぺったんこで片側に目が二つついている。「何！　何！　どうしちゃったの、この魚」と私は言った。夫は（そのときはまだ夫じゃなかったが）静かに「これはかれいかな、ひらめかな。あ、かれいだな」と言った。「どうしてわかるの」と私はきき、「左ひらめの右かれい」と夫は説明してから、「この連中は海底に住んでて、平らに泳ぐから、この形が都合がいいんだ」と教えてくれた。変なこと知っている人だな、と私は思った。

このとき夫は、この女はひらめやかれいを見たことがないんだろうかと思ったそうだ。ひらめもかれいも知ってるけど、しげしげ見たことはなくて、魚は全部、目が両側についていて、縦にまっすぐ泳ぐものだと思っていたのだ。

かれいを知らなかった人が今、料理の先生をやってるなんて信じられないと夫は言う。

信じられなくても仕方がない。私だって信じられないのだから。今は私は夫より少し詳しくなって、種類によって左に目のあるかれいがいることや、地方によってひらめをかれいということもあることを知っている。

かれいもひらめも新鮮なものは刺身がおいしいし、煮つけも、から揚げもポピュラーなもの。

から揚げ二つ。かれいに小麦粉をまぶして油で揚げて深めの器に入れ、お吸物より濃いかつおだしにたっぷりの大根おろしを加えて熱したものを揚げたてのかれいにジュッとかけ、醬油をタラー。これは日本風。八宝菜のような野菜あんを作って、あつあつを揚げたかれいにかける。これが中国風。

中国風バリエーションには蒸し物もある。ソテーしたかれいに野菜を加え、蒸し煮して、白髪ねぎとごま油をジャッとかける。

刺身を生野菜に混ぜ、ピーナッツを砕いたり、ワンタンの皮を揚げてパリパリッと砕いて加え、中国風ドレッシングをかけるサラダもおいしい。

横浜の中華街で買ったお皿。

かれいの中国風蒸し物

［材料］かれい大1尾（酒大さじ1　塩少々）　しょうが（せん切り）大さじ1　赤ピーマン（せん切り）½個　えのき茸《たけ》1袋　きくらげ少々　長ねぎ½本　鶏ガラスープ1と½カップ　醤油小さじ2　オイスターソース小さじ1　サラダ油大さじ2　ごま油適量

①かれいのはらわたを取り、塩、酒をかけて10分おき、下味をつけてから、サラダ油でさっと強火でソテーする。

②①に鶏ガラスープ、醤油、オイスターソースを加え、しょうがと赤ピーマンのせん切り、えのき茸、水でもどしたきくらげをのせ、7〜8分間蒸し煮する。

③かれいを器にのせ、具と煮汁も加え、白髪ねぎをたくさんのせる。熱したごま油をジャッとかけて出来上り。

「土用の丑の日」の不思議

土用の丑の日にうなぎを食べると夏負けしなくていいと昔からいわれていて、その日のうなぎ屋さんは満員になる。私は子どものころ「土曜の牛の日」だと思っていたから、どうして土曜日にうなぎを食べるといいんだろう、どうして牛の日なのに牛肉じゃなくてうなぎなんだろう、と不思議に思っていた。

今では「土用の丑の日」と字は知っているけど、その日とうなぎの関係ははっきりとはわからない。いろんな説があるらしいが、平賀源内があるうなぎ屋の宣伝のために考えたという話が有名らしい。私の父が書いたたくさんの本の中に『平賀源内の生涯』というのもあって、その中に源内が看板に「土用の丑の日」と書いたというお話が出てくる。父は「源内がただ漫然と思いついた奇智」と書いているが、とにかく夏の暑い盛りにおいしいうなぎを食べると元気が出る、ということなのでしょう。

うなぎの蒲焼きは日本独特のものだけれど、ヨーロッパでもうなぎを食べる。夫はオ

ランダでうなぎのソテーを食べたそうだし、私はスペインでうなぎの稚魚を食べた。しらすのような稚魚をにんにくと唐辛子とオリーブ油で炒めたもので、あつあつでおいしかった。

うなぎの蒲焼きはスーパーでも売っている。たれつきだからあつあつご飯にのっけてたれをかけて食べれば簡単。でもそれだけで満足しちゃうから、野菜が足らない。そこで私は別の食べ方を考えた。

にんにくの芽を下ゆでしておいて、短冊に切ったうなぎ、薄切りにした長ねぎと合わせ、蒲焼きのたれと酒を加えて、ふたをして蒸し煮する。全体にうなぎの味がしみわたったところで、醬油とごま油を少々入れて、出来上り。粉山椒をふって食べる。彩りに赤ピーマンを炒めて加えるのもおいしそう。にんにくの芽とごま油が中国風だし、広東《カントン》料理にはうなぎも出てくるので、これを「広東うなぎ」と名づけました。

器は北京で買った骨董のお皿。

広東うなぎ

［材料］うなぎの蒲焼き1串　にんにくの芽2把　長ねぎ1本　赤ピーマン1個　蒲焼きのたれ大さじ1〜1と½　サラダ油小さじ2　塩小さじ½　酒大さじ2　醤油少々　ごま油小さじ1　粉山椒適量

①蒲焼きは串を抜いて一口大に切り、にんにくの芽は4〜5cmの長さに切る。
②ねぎは斜め薄切りにし、赤ピーマン（彩りなのでなくてもOK）はへたと種を取って縦にせん切りにする。
③中華鍋にサラダ油を熱し、塩、にんにくの芽を入れて強火で炒める。途中熱湯1カップを加え、やわらかくなるまでゆでる。
④中華鍋を傾けてゆで汁を軽くきり、酒、蒲焼き、ねぎ、赤ピーマン、たれを加え、ふたをして、1〜2分蒸し煮する。
⑤仕上げに醤油、ごま油を入れてざっとからめる。粉山椒をふって食べる。

煮干のおじさん

父の友だちに「煮干のおじさん」という人がいた。本当はちゃんとした名前のある立派な学者なのだが、子どものころの私はいつもそう呼んでいた。どうしてかというと月に一度ほどおじさんは父を訪ねてきて、必ずお土産に煮干をひと袋持ってきてくれるからだ。私は玄関で待ちかまえていて、おじさんから袋を受け取り、ポリポリと食べる。母はだしにしようとしていたらしいが、たいてい私が先にみんな食べてしまっていた。

私は今でも煮干が好きで、デパートで煮干を買って、かじりながら買い物をする。先日、知り合いのお医者さんで〝骨量〟というのをはかってもらったら、若い人と同じくらいあるということだった。子どものころから煮干を食べていたせいかしら。だとしたら煮干のおじさんに感謝しなくてはいけない。

煮干は〝だしじゃこ〟ともいう。じゃこは雑魚がなまった言葉だけど、じゃことというとおいしい食べ物だし、ざこというと下っ端の魚みたいで、かわいそうな気がする。

じゃこを細かく砕いて、削りがつおと白ごまと焼きのりを混ぜ、醤油で少し湿りけをつけて、あったかご飯にのっけて食べるとバツグンにおいしい。ご飯じゃなくて、ほうれん草のおひたしにのっけるのもいい。

じゃこ丼。ちりめんじゃこをサラダ油でカリカリに炒め、花椒《かしょう》塩をふってあったかご飯にたっぷりのせて、もみのりをふる。花椒塩というのは、山椒の粉と塩を混ぜたもの。市販品もあるけど、山椒の実を砕いて塩と一緒にから炒りすると、いい香りがたちのぼって素敵な調味料になる。

じゃこ山椒。実山椒の塩漬け大さじ三とじゃこ八十グラムを用意し、小鍋に酒三分の一カップ、醤油、砂糖各小さじ二、みりん大さじ一を沸かして、じゃこに吸わせる。仕上げに実山椒を混ぜ合わせる。実山椒の風味は格別。じゃことのコラボでご飯がエンドレスになる。

じゃこ焼きそば。ちりめんじゃこを松の実と一緒に炒め、焼きそば用の蒸しそばをほぐしながら入れて炒め、オイスターソースと醤油で味つけする。お皿に盛って、白髪ねぎとみょうがをたっぷりのせ、上からしょうが汁と熱したごま油をかけて出来上り。

皿はウェッジウッド。奥にある小鉢はタイ製。箸枕に使ったのは香港製の置物。

じゃこ焼きそば

［材料］焼きそば用蒸しめん4袋　長ねぎ2本　みょうが5〜6個　ちりめんじゃこ1カップ　松の実大さじ6　ごま油大さじ6　醤油大さじ4　オイスターソース大さじ⅓　しょうが汁大さじ1

①ねぎは4㎝長さのせん切り、みょうがは薄切りにし、それぞれ水に軽くさらして水気をきっておく。
②めんは袋のまま十文字に切ってからほぐして皿に入れ、ラップで覆って電子レンジで3〜4分チンしてやわらかくする。
③じゃこと松の実を中華鍋でから炒りし、ごま油大さじ2を入れ、②のめんをほぐしながら加えて、醤油、オイスターソースを加え、香ばしさが出るまで炒める。
④③を皿に盛り、①をのせ、しょうが汁をかける。
⑤小鍋でごま油大さじ4を熱し、④にジャッとかけて、からめて食べる。

さざえのトゲトゲ

長崎にあるハウステンボスというところに行ってきた。ひとつの町がそっくりオランダになっていて、ここは日本だと知っていても、ぼんやり歩いていると外国にいる気分で、だまされているのを楽しんできました。

その町で仕事をしている人の話。町の近くの波打ちぎわでさざえがとれるという。深くもぐらなくても手づかみできるなんてうらやましい。それで、そのさざえにはツノがないのだそうだ。さざえというとトゲトゲが生えているものだと思っていたけれど。波が荒いからすり切れてツノがなくなるのかと思ったら、「波が静かだからでしょう」とその人は言う。自然て不思議。波が荒いと転がってしまうので、トゲトゲでつっぱって転がらないようにするのかな。人間だったら世間の荒波にもまれたほうが丸くなるのにね。

さざえといえば、壺焼き。殻のまま焼いてお醤油をたらして食べる。バター醤油もお

いしい。フォークでねじって身を出すとき、上手にやるとぜんまいのようにクルクルのしっぽまできれいに出てくる。先っぽのほうに模様がついていて、見方によってはきれいだけれど、気味が悪いと言う人もいる。

私が考えた料理法は、さざえのふたを取って中身を出してぶつ切りにし、玉ねぎのみじんと一緒にバター炒めして、小麦粉と牛乳を加えてさざえ入りホワイトソースを作り、塩、胡椒、ワインで味つけして、殻の中に詰める。チーズをかけてこれをオーブンで焼くと、おもてなし用お洒落《しやれ》なグラタンになる。

私の友だちは旦那さまが釣り好きでよく海に行き、ついでにさざえをとってくる。それで彼女はこんな料理法を教えてくれた。さざえを塩ゆでしてから中身を取り出し、薄切りにして、缶詰の蒸しうにとしょうがのみじん切りと味噌を混ぜ合わせる。これをあったかご飯にのせて食べる。おいしいし、さざえはタダだけど、うにが高いのよ、と彼女は言った。

器はフランス、リモージュのお皿。

さざえのグラタン

［材料］さざえ4個　バター大さじ2　玉ねぎ（みじんぎり）大さじ4　小麦粉大さじ1　牛乳¾カップ〜1カップ　塩、胡椒、白ワイン各少々　とけるチーズ適量

①さざえのぶつ切りを玉ねぎのみじん切りと一緒にフライパンでバター炒めする。
②①に小麦粉をふってさらによく炒め、牛乳を加えてとろみをつける。
③塩、胡椒、白ワインで味をきめてから、殻に戻して、とけるチーズをのせてオーブントースターで焼く。
中身はできているから、チーズがとけておいしそうに焦げ目がつけばＯＫ。

かきのおいしい季節

かき（柿ではなく牡蠣のほう）の殻つきをたくさん鳥羽《とば》から段ボール詰めで送ってもらって、うちでワインつきかきパーティをしたことがある。楽しかったけれど、かきの殻をむくのが大変。これは男の仕事だと、かきの殻専用ナイフと普通のナイフを夫とお客さんに渡してみんなでむいてもらった。意外にむずかしくて殻がボロボロと身に入ってしまう。一人、コツを知っていて上手なお客さんがいて、いつの間にか男たちはその人にむくのをまかせ、みんな食べたり飲んだりするほうにまわっていた。上手な人が気の毒だった。

かきはＲのつく月、セプテンバーからエイプリルがおいしく、特にＥＲのつく、セプテンバーからディセンバーがいいという。「どうしてだろう」と夫にきいたら、夫は「かきはＯＹＳＴＥＲだから」と答えた。「ああそうか」と私は納得したが、よく考えたらそれでは本当の理由はわからない。

かきはやっぱり殻つき生にレモンしぼって食べるのがおいしいと思うけど、とびきり新鮮なものでないといけない。そこでかき料理。

お好み焼きの生地（ボウルでとき卵と小麦粉と水と塩を混ぜる）の中に生がきと長ねぎ、春菊、紅しょうがを入れてよく混ぜ、お好み焼きの要領で焼く。ポン酢またはケチャップに辛子酢を混ぜたたれをつけて食べる。

かきの春巻き。春巻きの皮に、小粒の生がき、せん切りキャベツ、せん切り玉ねぎ、もやし、オイスターソース、ごま油、砂糖、塩、胡椒を混ぜて包み、水溶き小麦粉をのり代わりにして端をとめる。油で揚げ、レモンケチャップや辛子醤油で食べる。

かき鍋ホワイト。ゆるいホワイトソースを作って塩、胡椒で味つけし、かき、白菜を入れ、コトコト煮て食べる。白菜の代わりに太いねぎのぶつ切りもいい。これだけでも充分おいしいけど、鍋のスープを少し小皿に取り、豆板醤《トウバンジャン》を加えてもいい。中身にすいとんを加えるのも面白い。

縁のオレンジ色が気に入っている古い土鍋。

かき鍋ホワイト

［材料］かき2パック　白菜¼株　バター、小麦粉各大さじ5　牛乳10カップ　塩、胡椒、豆板醤各適量

①鍋にバターをとかし、小麦粉を炒め、牛乳を加えて、ゆるーいホワイトソースを作る。

②①の鍋に、ざく切りにした白菜を加え、やわらかくなったら塩、胡椒で味を調えて、かきを加える。さっと煮て、取り分ける。豆板醤を溶かしながら食べる。豆板醤で味にパンチが出る。ご飯を入れれば主食にもなる。

たこの八ちゃん

昔『蛸の八ちゃん』という漫画があった。私は知らない。夫は子どものころファンだったそうだ。八ちゃんというたこが陸に上がって、人間の服を着て人間のような生活をする。ある日、八ちゃんは小だこをたくさんひきつれて旅行に行く。温泉があるので小だこの一人が喜んで飛び込むと、熱いのでたちまちまっ赤なゆでだこになってしまう。夫はそこでゲラゲラ笑ったと話す。ゆでだこになるというのはその小だこは死んだということだから、その漫画はずいぶん残酷だし、それを見て笑う人も残酷だ、と私は言った。でも夫は「自分だってゆでだこを食うじゃないか」と言った。そう言われると反論もしにくい。

まあ現実には私もたこに対して残酷なことをしている。あるテレビ番組で、漁師さんがたこをとってきた。私はそれを即席で料理することになった。たこサラダを作るため、そのたこの皮をむかなきゃならない。たった今まで生きていたので皮がキューッとしまってかたくなっている。そのせいか、包丁が切れなかったせいか、なかなかむけなくて、

カメラは回ってるし、私はとても焦った。

というわけで、たこサラダのご紹介。ゆでだこの足をコロコロに切って深く切れ目を入れる（ドレッシングがしみるように）。きゅうりとセロリもコロコロに切る。プチトマト（はじめからコロコロ）を加え、全部をドレッシング（オリーブ油またはサラダ油、酢またはレモン汁、にんにくみじん、塩、胡椒、豆板醤を混ぜたもの）であえて冷蔵庫に入れる。冷たくなって味がなじんでおいしくなる。たこは塩でもんでおくと味がよくしみる。

たこステーキ。たこをコロコロに切って小麦粉をつけ、にんにくと一緒にオリーブ油を熱したフライパンで焼く。

コロコロだこに衣をつけて油で揚げる。マヨネーズ、ケチャップ、カレー粉を合わせたソースにつけて食べる。お酒のつまみに。

器はイタリア製の海の絵の皿。

たこステーキ

［材料］オリーブ油½カップ　にんにくスライス1かけ分　鷹の爪のみじん切り1本分　たこ（ざく切り）250g　小麦粉、塩各適量

①鍋にオリーブ油、にんにく、鷹の爪を入れて熱する。
②たこに小麦粉をつけて一緒に炒め、油をきって塩をふる。
お好みでレモンをしぼる。

味噌汁の王者はなんといってもわかめです

子どものころ、私はお転婆でスポーツ少女だった。とりわけ水泳が得意で、海で泳ぐのが大好きだった。中学のときは千葉の海でよく泳いだ。勝山《かつやま》の海で高い崖の上からドボンと飛び込むと下はわかめの林だった。いっせいに同じ方向にゆらゆら揺れて、とてもきれい。林の中を泳ぐと、もものあたりにレロレロと当たってちょっと気持ち悪かったけれど、わかめの林の美しさは今でもよく憶えている。

わかめはなんといっても味噌汁の王者で、私もわかめが大好きだから、わが家の味噌汁はわかめがいっぱい。でも家族には評判が悪い。夫は「うちの味噌汁はわかめの味噌煮だ」なんて言う。

わかめをきれいに洗って、適当に刻んで、白髪ねぎをたくさんのせた上に、醤油としょうが汁をかけ、熱したごま油をジャッとかける。白ごまをふって食べる。おいしい。

わかめとたけのこのグラタン。にんにくで炒めた薄切りたけのことざく切りわかめをホワイトソースでからめ、パン粉をふり、グラタン皿に入れてオーブンで焼く。「若竹グラタン」と名づけました。

のりのりパスタ。フライパンに水二と二分の一カップとだしパック一袋を入れ、火にかける。沸いたら、半分に折ったパスタ百四十グラムを入れ、四分くらい経ったらだしパックを取り除く。のりを細かくちぎりながら加え、かき混ぜてとかす。水分がなくなったら、バター二十グラムと醤油大さじ一を加え火をとめる。水菜を混ぜて、器に盛り、ゆず胡椒をつけながら食べる。

フライパンに少量のごま油を熱し、焼きのりをさっとくぐらせて、塩ふって食べる。冷めるとパリパリになり、お酒の肴《さかな》になる。つまり韓国風のりね。

ひじきはにんじんのせん切りと一緒に炒め、かつおぶしのだしをひたひたに入れて、缶詰の水煮大豆、醤油、砂糖、みりん、酒でコトコト煮る。かつおぶしのだしを濃くとって、調味料は薄めにするのがコツ。余ったら酢飯に混ぜて、おいなりさんにするといい。

器はグラナダ（スペイン）のもの。バックは夫のポスター。

ひじきの煮物

［材料］生ひじき140ｇ　にんじん中½本　油揚げ（油抜きする）1枚　干し椎茸（もどす）大1枚　水煮大豆170ｇ　サラダ油大さじ1　かつおだし1と½カップ　醬油、みりん各大さじ1と½　砂糖、酒各大さじ1

①サラダ油でひじきと細かく切ったにんじん、干し椎茸を炒め、細切りの油揚げ、大豆を加え、だし汁を入れて少し煮る。
②①に醬油、みりん、砂糖、酒を入れ、ふたをして、弱火で汁気がなくなるまで煮含める。

市販の水煮大豆は熱湯で一度さっとゆがくと気持ちがいい。

ギリシャのサントリーニ島で

テレビの仕事で、ギリシャの小さな島サントリーニ島に行きました。アテネからヘリコプターで一時間。島の大半は昔々火山の爆発で沈んでしまったといいます。それがアトランティス大陸だという説もある。

島のあちこちをスタッフと歩く。高い山に円形劇場の跡がある。古い文明の跡です。でも今はすごくさびれていて、若者は島からいなくなって、子どもと老人ばかり。食べ物は毎日タラコとじゃがいもをねったタラモサラダ（タラコとイモでタラモかと思ったけど、これはギリシャ語）ばっかり。タクシーはロバ。

私は番組の中で、この島のものを料理することになっていました。うちから包丁を持っていったのだけど、空港に忘れちゃったので、現地で借りた斧みたいな包丁で、エーゲ海の鯛をおろしてお刺身にしました。でも、いくら研いでも切れなくて困っちゃった。魚を三枚におろすなんてことは知らないので、私の手つきをみて、みんなびっくりしてパチパチと拍手してくれました。現地の人にお刺身をお醬油で食べてもらおうとしたけど、彼らはお醤油には見向きもしないでレモンを搾って塩、胡椒しちゃう。

それから焼きのりを持っていって、味をつけた鶏とほうれん草を巻きました。これも食べてもらおうとしたけど、みんな遠慮します。のりを知らないのです。はしっこをちょっとちぎってなめてみて、ギリシャ語で何か言いあって、私にニッコリして、まるめてポケットに入れてしまう。カメラに収めたいので一人の子どもに食べさせたら、その坊やは一口食べて泣いちゃった。黒い紙だと思ったらしい。

私たちが行ったときは、ちょうど村祭りでした。一年に一回、教会からイコンを出して、村の人々が神父さんと一緒に練り歩く。彼らは教会へ行くとき、ローズマリーの葉を枝ごと道にまきながら行く。イコンの行列はローズマリーを踏みながら歩くのです。

ローズマリーはスパイスとして魚料理、肉料理に使うけど、この場合はおきよめの植物として、日本のさかきみたいに使われるのだと思います。日本で買うと高いスパイスだから、島中にまいてあるのはいくらになるだろうと思ってしまいました。

レストランに船員らしいグループがいました。その中に、ギリシャ彫刻そのものの顔立ちの青年が一人。髪の毛がくるくるで絵画教室のデッサンに使う石膏と同じ顔です。カメラを向けるとカメラを意識してサービス笑いをしてくれる。ところが笑うとその気品に満ちた彫刻が一気にくずれて、人のいい顔になってしまう。人のいい顔を通りこしてばかばかしい顔になる。「笑わないで！」と叫んでもますます笑う。ギリシャ彫刻も笑うとこの顔になるのかと思うとがっかり。どうりでギリシャ彫刻はどれも笑っていないのかと思いました。

しじみの研究

「しじみの冬眠」を作ったときの話です。

台湾料理のお店にはしじみの醤油漬けがあって、ビールや紹興酒のおつまみとして最高においしい。しじみから出るエキスがお醤油とお酒に混ざり合い、しじみ本体をおいしくしているようです。

「どうやって作るんですか」とお店の人にきくと、「お醤油に漬けるだけだよ」と言います。それなら簡単。しじみもお醤油も紹興酒もにんにくもすぐ手に入るものだし、これこそすぐうちで作らなくちゃ、と思いました。

生のしじみにお醤油と紹興酒を飲ませれば、あの味になるのでしょう。さっそく魚屋さんでしじみを買ってきて、お醤油と紹興酒を混ぜてその中に漬けました。ところがしじみたちはぐっと口を結んで、お酒を飲むどころじゃないんです。これではいけない、何とか口を開けさせなければなりません。

口を開かせるために熱湯をかけてみました。すると口を開けるしじみもいます。

それでも頑固に口を結んでいるしじみもいます。頑固なしじみにさらに熱湯をかけると口の開いたほうにもお湯がかかるので、そうすると煮えちゃってかたくなり、生ではなくなってしまうし、大事なしじみのエキスも出はらってしまいます。口の開いたのだけ見つけて別の場所に移動させればいいのかもしれないけど、たくさんのしじみを一個一個観察するのは大仕事。

念のために、口を開いたしじみをお醤油とお酒に漬けて食べてみましたが、まあ食べられるけれど、半煮えになっていること、エキスがなくなっていることで、納得できる味にはなりませんでした。

次はフライパンに入れて、から炒りしてみました。やっているうちに口を開く子も出てきます。でもその瞬間にとり出さないと、やっぱり白くでき上がっちゃうし、エキスも流れ出すので、これも失敗。電子レンジでやっても同じでした。

次にしじみをだまそうと思いました。水をはったボウルにしじみを入れて、水の中にいるんだよと安心させておいて、しじみが気がつかないように熱湯を少しずつ、たらーり、たらーりと流し込んでいきました。そうすると、変だ！　と思って口を開くしじみもいます。でもやっぱりお湯の中にエキスが流れ出してしまう。エキスを残したまま、しじみたちが一斉に口を半開きにすれば理想的なんだけど。

今度は冷凍庫に入れてみました。冷凍庫だとあんまり寒いのでびっくりしてアッと口を開くと思ったのですが、駄目。余計しっかり口を結んでしまいました。

ああこれも駄目だと思って、このまま放っておくのももったいないから、お味噌汁にしようと、冷凍庫から出しておきました。二十分くらいたってからしじみを見たら、全員が口を開けているんです。大きい子も小さい子も一斉に同じくらい「え?」という感じで開いている。今まで冬眠してたのに、急にあったかくなって目がさめて、「え? 何だろう」「どうしちゃったの?」「あら春だわ」と言ってるみたいに、うれしそうに口を開けていました。

私は急いで醬油と紹興酒をしじみたちのいるボウルにどぼどぼっと入れました。しじみたちは「え?」と口を開けたままお醬油とお酒に漬かり、エキスを保ったまま、一時間後には私が思っていた絶品の味になってくれたのです。

私は敬意を表して「しじみの冬眠」と名前をつけました。

これがお店の作り方かどうかはわかりません。お店にはそれぞれ秘訣があって、人にはなかなか教えてくれないみたい。その秘密をさぐろうと頑張ってみるのも面白いものです。

　余談ですが、わが家の猫は「しじみ」という名前です。小学生だった長男が生まれたての子猫を公園で拾ってきたとき、あんまり小さくて柄がしじみと同じだったので、誰かが「しじみみたい」と言ったのが、そのまま名前として採用されたのでした。

レミ流・焼き豚

アメリカのメリーランド州に行った。私の祖父の先祖はスコットランド人で、二百年ほど前にアメリカに渡ってきた。着いた港がメリーランド州アナポリス。私はルーツを探す旅をして、アナポリスに行ったのだ。祖父の名はヘンリー・P・ブイ。アナポリスのそばに、ブイという町がある。メリーランドの知事をしたブイ一族の一人の名をとったもので、その人の孫がブイの町に住んでいる。孫といってももうおじいさんだけど、私の遠い遠いいとこになる。その人に会った。彼は農場主で、見渡すかぎり自分の土地。素敵な娘さんがいるが、町には出ずに敷地で野菜を育てて暮らしているという。家には燻製室《くんせいしつ》があって、敷地内で育った豚を丸ごと燻製にして、地下で貯蔵している。全体に煉瓦《れんが》造りの燻製室だった。

さて、スケールはうんと小さくなるけれど、今度は私の豚の話。

私流の焼き豚の作り方。鍋に湯を沸かし、ウーロン茶か紅茶大さじ山二杯と豚ロース

肉のかたまり五百グラムを入れ、一時間ほど煮る。別の小鍋で醬油二分の一カップ、みりん、酒各四分の一カップをさっと煮立たせ、ゆでた豚と一緒に保存袋に入れ、半日から一晩おく。温かいゆで豚とたれが合体して、火にかけなくても時間が調理してくれる。保存袋から空気を抜くのがコツ。少量のたれでも肉全体を包み込んでくれる。薄切りにした豚にたれをつけて食べる。

もう一つおいしい豚料理。豚ロースのかたまり（塩、胡椒、スパイス類をすり込んでおく）をにんじん、玉ねぎ、セロリ、パセリなど香味野菜を敷いた鍋に入れ、ワインをふって、ぴっちりふたをして、はじめ中火、蒸気が上がったら弱火に。普通の鍋なら二時間ほど、圧力鍋なら三十分ほどでできる。鍋の底の汁（野菜と肉汁の合わさったもの）を濾して、マヨネーズ、サワークリーム、マスタードなどを加えて弱火にかけ、ソースにして食べる。

さらにもう一つ。和風の東坡肉《トンポーロー》。ゆでた豚バラ肉を醬油と砂糖でやわらかく蒸す。これに長芋のたれをかけるのがミソ。肉のしつこさがマイルドになる。

夫が京都から買ってきた骨董のお皿。

和風東坡肉

［材料］豚バラ塊肉600g　しょうが、ねぎ各適量　醤油、砂糖、酒各大さじ4　オイスターソース大さじ½　にんじん、ごぼう、ほうれん草各適量　長芋½本　牛乳適量　塩、溶き辛子各少々

①塊肉をしょうが、ねぎの入った熱湯で1時間ゆでる。肉がブルンブルンふるえるくらいやわらかくなるまで。圧力鍋なら20分。

②肉がキチキチに入るくらいの器に肉を押し込んで、肉のゆで汁½カップに醤油と砂糖、酒、オイスターソースを混ぜた調味料を注ぎ、蒸し器で1時間弱火で蒸す。途中でひっくり返す。

③蒸した後、余った調味料に、にんじん、ごぼう、ほうれん草をゆでて加え、弱火で味を含ませて、一緒に盛りつける。

④たれを作る。長芋をすりおろすかプロセッサーにかけて、濃度を見ながら牛乳を加えとろりとさせ、塩少々を加える。

⑤肉を1人分ずつ切り分け、④をかけて溶き辛子を添える。

鶏肉嫌いの料理研究家

私が小さいころ、家では鶏を飼っていた。ある年のお正月、お雑煮の鶏肉にしようと一羽殺した。家族ではできないので近所のおじさんに頼んだ。ちょっと大工仕事をしてくれたりする便利なおじさんだった。おじさんは鶏の首をちょん切ってさかさにつるした。血がいっぱい出た。

結局家族は誰もその鶏肉が食べられなかった。お雑煮にも手をつけなかった。人間って勝手なもので、いつもは鶏肉を平気で食べてるくせに、知ってる鶏だと食べることができない。

私の仲よしの料理研究家は鶏肉が嫌い。料理研究家のくせに鶏だけは食べない。でも仕事柄、鶏料理を作ることはある。味見はどうするの、ときくと、調味料を確かめて勘でやるのよ、と言う。

その彼女に教えてもらった鶏料理は、香辛料（クミンシードやガラムマサラ、チリペッパーなど手持ちのものを何種類も）と小麦粉と卵とヨーグルトに鶏肉を漬け込み、油で揚げる、というもの。おいしい。香辛料で鶏肉くささを消すところが鶏の嫌いな人向きだ。

スープを作るとき、鶏ガラはとても便利だ。近所に地鶏屋さんがあるので、鶏ガラ一羽分買ってくる。これをコトコト煮て、パセリやローリエを加えると洋風になるし、ねぎとしょうがを入れると中国風になる。それをもとにいろいろなスープができる。

チキンのクリーム煮込み。鶏ももを塩胡椒してバターで軽く焼く。にんじん、玉ねぎ、セロリは小さく角切りにしてバター炒め。鍋にこの両方を入れ、スープ、市販のコーンクリームスープ、ホワイトソースと白ワイン少々を加え、コトコト煮込む。塩と胡椒で味を調えて出来上り。ゆでたさやいんげんなどを添えて食べる。

マヨネーズチキン。鶏肉をバターソテーして、塩抜きしたアンチョビ、マヨネーズ、サワークリームを混ぜたものをのせ、オーブンで焼く。

酔っぱらい鶏。蒸した鶏を紹興酒にひと晩漬けて、豆板醬入り醬油で食べる。

器はアメリカ製のアンティーク。スープの器は小渕ももさんのデザイン。

酔っぱらい鶏

［材料］鶏もも肉2枚　長ねぎ½本　パクチー1束　紹興酒適量
塩小さじ1　酒大さじ2　豆板醤、醤油各適量

①鶏もも肉に塩、酒をふって、しばらくおいてから10分ほど蒸す。
②あつあつの①を保存袋に入れ、紹興酒をひたひたに注いで、空気を抜いてひと晩おく。
③長ねぎは白髪ねぎにし、パクチーは適当に切る。
④②の鶏を薄切りにして③と一緒に器に盛り、豆板醤と醤油を混ぜたたれで食べる。紹興酒の香りがきいていて、おいしい。
添えたスープは、①で鶏を蒸したときの蒸し汁に鶏ガラスープを足し、塩、胡椒、とき卵を加えて、かき玉汁にしたもの。

牛肉ステーキのおいしい焼き方

私の父は面白いことをしたり言ったりするのが好きだった。オデコで卵を割って、幼い私を大笑いさせた。私がおなかがすいて、「お母さん、ご飯」と言ったら、父は「お母さんはご飯じゃないよ」と言った。

牛肉のことを「牛の死んだの」と言う。鶏肉のことは「ニワトリが死んだの」である。普通の家だと「気持ち悪いこと言わないで」と嫌われそうだけど、わが家では慣れてるから「牛の死んだの食べたいね」と父が言うと、母は「はいはい」と買い物に出かけた。

と、いうわけで、今回は牛の死んだの、じゃなかった、牛肉の料理を書きます。

牛肉のステーキは、肉の表面に塩胡椒して、熱したフライパンでジュッと焼き、焦げ目がついたら裏側を焼く、厚い肉なら側面も焼く。表面がしまって、おいしい肉汁が逃げ出さないことが肝心。鍋肌に醬油をくるっと回して、肉にバターをチョンとのせて、出来上り。切ると中がレア、というのが私は好きです。マスタードで食べる。

これにたれのバリエーションを加えると、さらに楽しい。

まずにんにく醬油。にんにく薄切り六十グラム、昆布十センチ角、醬油四分の三カップ、みりん、酒各大さじ二を入れ、弱めの中火にかけ、沸いたら火をとめてさまして、保存壜に入れる。保存できて便利。

アンチョビソース。すりつぶしたアンチョビ十尾分（チューブのアンチョビでも）とサワークリーム大さじ四を混ぜ、牛乳大さじ四でのばす。

トマトソース。ケチャップにレモン汁、豆板醬、玉ねぎのみじんを適当に混ぜる。

次は和風のもろみのステーキ丼です。もろみ味噌に酒、みりん、醬油を混ぜて、ステーキ用の肉を十五分ほど漬け込む。フライパンに油をひき、もろみだれをぬぐって両面を焼いて適当に切り、ご飯にのせる。さっきのぬぐったたれに火を通して上にかけて食べる。焼いた野菜を添えると、さらにおいしい。

バックは下北沢のはぎれ屋で夫が買ったもの。

もろみステーキ丼

［材料］牛肉ステーキ用（150～200g）4枚　もろみだれ（もろみ味噌½カップ強　酒大さじ4　みりん、醤油各大さじ2）　長ねぎ2本　ししとう12本　油少々　ご飯4杯分

①もろみだれをよく混ぜ合わせ、牛肉にからめて15分漬けておく。
②ねぎはぶつ切りにし、ししとうと一緒に網焼きする。
③牛肉のもろみだれをぬぐう（焼くときもろみだれが焦げるから）。
④フライパン（フッ素樹脂加工がいい）に油を薄くひき、牛肉の両面を強火でサッと焼いて取り出し、食べやすい大きさに切る。
⑤同じフライパンに③で取り除いたもろみだれを入れ、軽く温める。
⑥丼にご飯を盛り、牛肉と野菜をのせて、⑤のもろみだれをかける。

牛タンとトナタン

私はぜんぜん読書家ではないけれど、椎名誠さんの本はよく読む。自然がいっぱいあるところに冒険に出かけて仲間とビールを飲む雄大なエッセイが大好きです。この間読んだ椎名さんのエッセイにはトナカイのタンが出てきた。どこかの国でずっと前に食べたそうで、椎名さんは〝トナタン〟と書いている。なんだかおいしそうだ。

私は人が食べるもので嫌いなものはないし、気持ち悪いとかあまり思わない（猿の脳味噌とか極端なものは別）けど、夫が牛タンのことを「牛のベロ」と言ったときはちょっと気持ち悪いというか、ベロを食べられてしまう牛がかわいそうになった。

でも私も〝ベロ〟という言葉はよくつかう。「ベロの趣味がいい」とか「わが家のベロ」とか。夫は「誤解されるから味覚と言えば」と言いますが、この場合はベロと言うほうが私の気持ちが伝わるような気がする。料理なんか本読んだり教えられたりしなくても上手な人がいて、そういう人はベロがいいのです。

それで、ベロ、じゃなかったタンの話。「鯛の塩釜蒸し」という料理は塩の中に鯛をうずめて蒸して塩味をつけるものだが、これをヒントに鯛の代わりに牛タンを塩の中にうずめてみた。鍋の底にあら塩を敷き、タン一本をおいてまた塩をたっぷりかぶせる。ふたをして中火にかけ、湯気が出てきたら弱火にして一時間から一時間半。冷ましてからさっと水洗いして塩を落とし、薄切りにしてレモンをしぼって食べる。これは昔々、私がオリジナル料理を作りはじめたころの一品です。

味噌漬けもできる。牛タンを塩胡椒して軽く蒸し、白味噌、赤味噌、酒、みりんをミックスしたものをバットに入れ、タンをガーゼで包んでそれに入れてまたミックス味噌をかぶせ、三、四日漬け込む。薄切りにして白髪ねぎをこんもりのせて食べる。

もちろん塩胡椒した薄切りタンを軽く焼いてレモン汁で食べる焼き肉屋さん風の食べ方もいいし、パクチー醤油で食べるのもいい。ゆでたタンを薄切りにして花椒塩で食べるのもおいしい。

器は台湾で買ったアンティークの皿とサマルカンドの小鉢。

牛タンソテーパクチー醤油

［材料］牛タン（薄切り）1パック　塩胡椒少々　サラダ油、パクチー各適量　醤油大さじ3

①牛タンに塩胡椒し、油でさっと表面の色が変わる程度にソテーする（炒めすぎるとかたくなっておいしくないから注意）。
②パクチー（根もおいしいので捨てないで入れる）のみじん切り、醤油大さじ3を混ぜ合わせたたれで食べる。

なつかしい牛乳壜

牛乳は今は紙のパックが普通になってきたけれど、私が小さいころはみんな壜に入っていた。朝、牛乳屋さんが配達に来ると、カチャカチャと壜のふれあう音がする。あれも昔の朝の音だった。牛乳壜には紙のふたがついている。指で押して開けるのだが、へたすると牛乳がピチャッと顔にかかってしまう。

夫の小さいときの牛乳の思い出は、そのふたの色が毎日違っていたことだという。一週間で七色のふたが集まるので楽しかったそうだ。

椎名誠さんに誘われて八丈島《はちじょうじま》に行ったことがあった。八丈島で椎名さんの愛読者大会があって、大勢の人が集まった。講演会もあるし遊びもある。私たち一家は八丈富士に登ってみようかと言った。椎名さんの友だちの木村晋介さんが、「登ってゆくと途中に牧場があって、牛乳を飲ませてくれる。とてもおいしい」と教えてくれたから、水も持たずに四人で登った。ところが行けども行けども牧場なんてない。二人の子どもはま

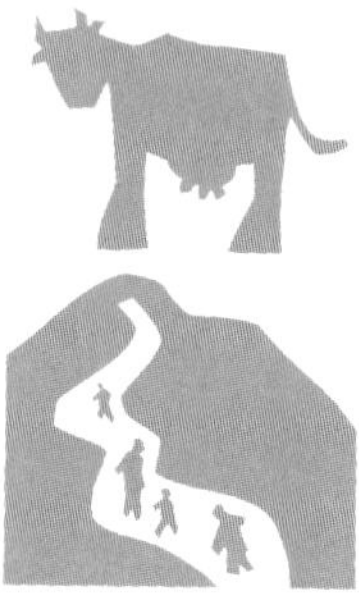

だ小さくて「のどがかわいたよー」「牛乳ほしいよー」と叫ぶ。「もうすぐモーモーがいるからね」と励ましながら先に進んだ。ついに牧場は見つからず、てっぺんに着いた。下に雲が流れている。四人はへろへろで、木村さんを訴えちゃおうかと思ったが、木村さんは弁護士なのであった。

ところで牛乳を使った簡単なスープ。トマトジュースを牛乳で割る。それだけ。割合は同量でも二対一でもお好きなように。あっためても冷たくしてもおいしい。好みで塩胡椒。生クリームを加えるとコクが出る。オリーブ油数滴と生バジルを加えるとさらにおいしい。名づけて「五秒ヴィシソワーズ」。和田さんから教わりました。

お鍋にピーナッツバター（クリームタイプ）と牛乳を入れてよく煮溶かし、塩、胡椒、シナモンで味つけする。私のひらめきスープ。

次はミルクチキン。玉ねぎとチキンを炒め、牛乳とちぎったパンを加えてコトコト煮る。塩、胡椒、ナツメグ、白ワインで味つけする。つけあわせにはガーリックトーストが最高。

バックはとっておいた包装紙。一見、大理石みたい。

ミルクチキン

［材料］鶏もも肉（皮なし）350g　玉ねぎ1個　食パン2枚　牛乳2と½カップ　バター、サラダ油、白ワイン各大さじ1　ナツメグ少々　小麦粉、塩、胡椒各適量

①玉ねぎを粗みじんにして、バターとサラダ油で焦がさないように炒める。
②鶏もも肉を二口大に切り、塩、胡椒、小麦粉をまぶし、①に加えてさっと炒める。
③②に牛乳をザッと入れ、パンをちぎって加える（とろみがつく）。
④沸いてきたら弱火にして、ふたをしないでコトコト煮る。
⑤とろっとしてきたら、ナツメグと白ワインを加え、もう少し煮て、塩、胡椒で味を調え、出来上り。

焦げないようにかき回すこと。フッ素樹脂加工の鍋を使うと焦げにくい。つけあわせに温野菜、ガーリックトーストなど。

フランスでチーズ工場見学

チーズといっても昔はプロセスチーズしか知らなかった。バターと同じような箱に入っているものだと思っていた。やがてやわらかいものや、においの強いものや、カビみたいなのが入っているものや、山羊のミルクでできているものや、いろいろな種類のチーズがあることを知った。そのうちカマンベールとかブリとかロックフォールとか名前も覚えるようになった。

何年か前、ヨーロッパ旅行をしたとき、フランスの小さな山村を朝早く通りかかると、チーズの看板が目についた。車をとめてその店をのぞくと、そこはチーズ屋さん兼チーズ工場で、大きな桶にプロペラみたいなものがゆっくり回ってチーズになりかけのミルクをかき回していて、もうひとつの桶ではできかかったチーズをギュッと圧搾していた。近所の小学校の子どもたちが二十人くらいそれを見学していたが、その村は外国人が珍しいらしくて、みんなチーズのほうを見ないで私の顔をじーっと見ていた。

おいしいチーズはチーズだけ食べるのがもちろんおいしくて、何種類かのチーズを少しずつ切ってワインを飲みながら食べるのは最高だけど、チーズはお料理にも活躍する。簡単なのはサラダに混ぜるやり方。プロセスチーズからブルーチーズまで、チーズの種類でサラダの性格も変わる。

朝のグラタンは（別に朝じゃなくてもいいんだけど）、ボウルにフランスパン、牛乳、卵、トマト、ハム、チーズ、シェリー酒を入れて混ぜ、グラタン皿に入れて、さらにチーズをのせてオーブントースターで焼く。子どもが喜ぶ一品で、栄養も満点。

いわしを牛乳に漬けてにおいを取り、ペーパーでふいて、小麦粉をつけ、サラダ油でソテーする。耐熱皿にこれを並べ、パセリとにんにくのみじんと塩、胡椒をふり、トマトのスライス、とけるチーズを段々に重ね、オーブントースターで焼く。チーズが糸を引き、楽しくおいしい。

器は日本製のグラタン皿と、
この本の挿絵を描いてくださった舟橋全二さんのカリフォルニア土産の小皿。
グラタン皿の下に敷いてあるのは、
わが家で飲んだワインのコルクを集めてはり合わせた鍋敷き。

朝のグラタン

［材料］フランスパンこぶし大　トマト1～2個　ハム4枚　牛乳1～2カップ　卵1個　シェリー酒大さじ½～1　とけるチーズ½カップ　塩、胡椒各適量

①フランスパンは細かくちぎる。トマト、ハムはざく切り。チーズは少量だけ別皿に残しておく。

②全材料をよーく混ぜて、グラタン皿に入れ、残りのチーズを上にのせて、オーブントースターでグツグツ焼く。

前日に作っておくと朝は焼くだけ。

卵回収は私の役目

前にも書いたけど、私が小さいころ、松戸《まつど》の実家では鶏を飼っていた。三十羽くらいいたかしら。毎朝卵をとるのが私の役目だった。鶏小屋の小さな窓から手をつっこんで卵をさがす。宝さがしみたいにワクワクする。まだあったかい卵をカゴにとって、帰ってあつあつご飯の上にポンと割ってかけて食べ、そして学校へ。楽しい少女時代だった。

あのころは鶏を飼う人が多くて、近所でもたくさん飼っていた。ある日、うちの鶏が一羽、小屋をぬけ出して道を横切って、近所の家に入ってしまった。そのうちも鶏を飼っている。私が「すみません、うちのトリが入ったんですけど」と言うと、「さあ知りませんねえ、ここにいるのはうちのトリだけですよ」と答える。それで私が「コーッコッコッコッ」と鳴きまねをすると、中の一羽が「コッコッコッ」と言いながら私の前に出てきた。まさしくうちのトリだった。私はその子をつれて家に帰った。

イースター（復活祭）は、アメリカやヨーロッパでは卵にきれいに色を塗ったり絵を描いたりして飾る。卵からトリが生まれるのが〝復活〟という感じがするからかしら。でも人間はその卵を食べちゃうんだから、残酷な気もする。

なんといっても卵は便利な材料だ。生卵や目玉焼きのような簡単なものもおいしいし、てんぷらやとんかつなどの衣にも使う。子どものお弁当にも大活躍。

朝、忙しいときの簡単だし巻き卵をご紹介します。卵に砂糖とだし汁を混ぜ、うんとやわらかめのスクランブルエッグを作って巻きすで巻く。これを電子レンジで三十秒チンしてから冷凍庫にちょっと入れて固める。巻くときに火を通したアスパラガスや梅麸《うめふ》や椎茸をのせて巻き込むと、切ったときに断面がきれいです。

蛤《はまぐり》の丼蒸し。普通の茶碗蒸しに蛤の蒸し汁と蛤を加えてみました。茶碗蒸しは一つ一つ別のお椀で作るものだけど、私は面倒くさがり屋なので、丼でいっぺんに作る。それで茶碗蒸しじゃなく丼蒸し。取り分ければ同じでしょ。

松戸の実家から持ってきた丼。

蛤の丼蒸し

［材料］蛤15個　卵汁｛鶏ガラスープ3カップ　とき卵5個分　塩小さじ1　酒小さじ2｝

①蛤は、ボウルに入れて3〜4分蒸し、口が開いたら火を止める。
②卵汁に①の蒸し汁だけを加え、全体をよく混ぜ合わせて丼に移し、中火弱で15分蒸す。
③蒸し上がる寸前に①の蛤を入れ、もう少し蒸す。好みで三つ葉を散らし、出来上り。

お豆腐屋さんのラッパ

アメリカの海洋学者キャサリン・ミュジックさんは、ある時期、沖縄の白保《しらほ》海岸でサンゴの研究をしていた。東京に来るとわが家に寄って、海が汚されることを怒って話してくれる。ある日はお土産に豆腐を持ってきた。豆乳と海水を混ぜて固めただけの素朴な豆腐。海水がニガリの役をするのだという。早く食べて、と言われて醤油もかけずに食べた。天然の塩味がきいていておいしかった。

プーッとラッパを鳴らしながら売りに来るお豆腐屋さんが、私の家のそばにもついこの間まで来ていたが、いつの間にか来なくなってしまった。お豆腐屋さんのお店では、おじさんがプールのような水の中からそーっと手で豆腐を取り出して、てのひらの上で、豆腐用の包丁で切ってくれる。冬なんかとても冷たそう。そういうお店は今でもあるが、豆腐もだんだんスーパーマーケットのパック入りのものがおなじみになってしまった。

豆腐は冷奴や湯豆腐のようなスタンダードがおいしいけれど、それ以外にもいろんな

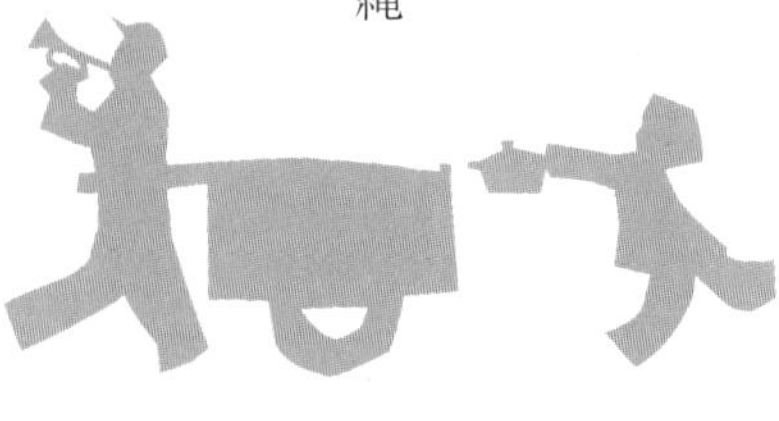

食べ方がある。例えば私が考えた豆腐ピザ。もめん豆腐を薄切りにし、塩胡椒してバターとサラダ油でフライパンで両面焼いて、ピザの台にする。上にピザソースをぬり、玉ねぎ、にんじんをせん切りにして炒めたものをのせ、その上にチーズをのせてオーブンで焼いて食べる。

次は豆腐入り餃子。にんにくと豚ひき肉と豆鼓《トウチ》（中国の、大豆の醤油煮のようなもの）をサラダ油で炒め、一味唐辛子を加え、水きりしたもめん豆腐を加えて、くずしながら一緒に炒める。これを餃子の皮に包んで油でカラッと揚げる。これは大人の味。

豆鼓入り麻婆豆腐もおいしい。

たらこ豆腐。フライパンでにんにくを炒め、鶏ガラスープを加えて沸騰させ、適当に切ったにらと薄皮を取ったたらこ、酒、ごま油を加えて混ぜ、水溶き片栗粉でとろみをつける。これに食べよく切った豆腐を入れて、火が通ったら出来上り。うっすらピンクできれい。ご飯のおかずに。

器はタイ製陶器。香港のれんげ。下に敷いたのは北京で買ったスワトーのハンカチ。

豆鼓入り麻婆豆腐

［材料］豚ひき肉300g　豆腐（絹ごし）2丁　しょうが、にんにく、長ねぎのみじん切り各大さじ2　豆鼓½カップ　コチュジャン大さじ4　鶏ガラスープ300cc　酒、オイスターソース各大さじ3　豆板醬、砂糖各少々　サラダ油大さじ3〜4　醬油、片栗粉、ごま油、粉山椒各少々

①フライパンにサラダ油を入れて、しょうが、にんにく、長ねぎ、豚ひき肉、豆鼓の順に炒め、コチュジャン、鶏ガラスープ、酒、オイスターソース、豆板醬、砂糖を加え、しばらく煮る。
②①にしっかり水きりした豆腐を入れ、つぶしながらよく混ぜ合わせる。
③味をみて醬油を足し、片栗粉の水溶きを加え、ごま油をチラッと入れて味をきめ、粉山椒をたっぷりふる。

おからを侮っちゃいけません

おからはお豆腐を作るときの、大豆の搾りかすだ。白くてきれいだから〝卯の花〟とも呼ばれているけど、搾りかすという言葉と、お豆腐には使われない邪魔者だというイメージで、つい粗末にしてしまう。実際にも、ほとんど動物のエサになると聞くし、私も若いころはバカにしてほとんど食べなかった。

でも結婚して子どももできて三度三度ご飯の支度をするようになると、経済のことも考えるし、家族の健康も考える。そうなると安くて栄養のあるおからはなかなかありがたいものになってくる。

先日、テレビの「おからvs米ぬか」という番組に出演した。日ごろあまり大事にされない食品にスポットを当てた番組で、私もたくさん勉強させてもらった。おからには〝雪花菜〟という名前もあって、キラズと読むこと、一年間におからが作られる量は東京ドーム二杯分もあること、おからは便秘にもきくこと、などなど。私は「おからは

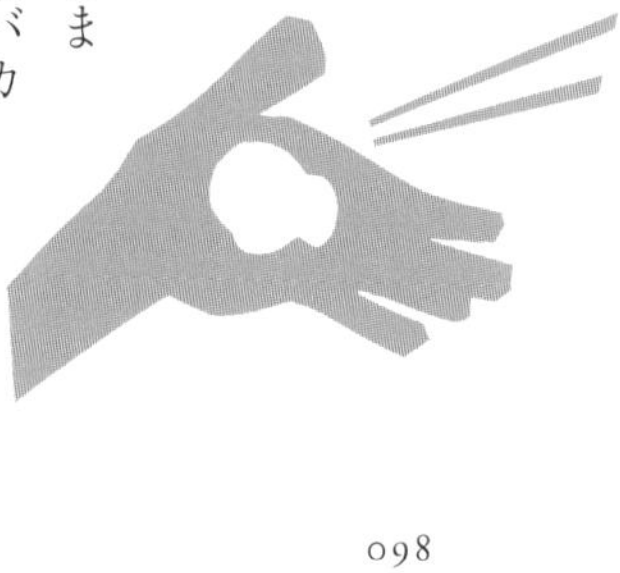

〝からっぽ〟の〝から〟とか〝ぬけがら〟の〝から〟を連想するけど、〝これから〟の〝から〟だと思いましょう」なんてシャレを言ってしまった。

先日新宿で見かけたパン。一見あんパンだけど、あんの代わりに甘辛く炒ったおからが入っていた。こうなるとおからもけっこうトレンディである。

コロッケ、ハンバーグなど、動物たんぱくの肉を半分にして、植物たんぱくのおからをその分加えると、味も軽くなってさっぱり仕上がる。肉のかたまりの脂を取りたいとき、おからをまぶして蒸すといい。冬、ふろふき大根を作るときは、おからで下ゆでしておくと、苦みが取れるし、おからの甘みが大根にしみておいしくなる。

おからクッキーもおいしいですよ。パウンドケーキを作る要領で、バターをポマード状に練って、砂糖、とき卵と合わせ、おからを加え、ブランデーまたはバニラエッセンスで香りをつけて、小麦粉をさっくり混ぜて焼く。レーズンやチョコチップを入れるのもいい。

夫のお土産の紙ナプキンと紙皿。アメリカ製。

おからクッキー

［材料］おから½カップ　くるみ（粗みじん）40g　ふるった薄力粉1カップ　バター80g　砂糖大さじ4　とき卵½個分　ブランデー大さじ1

①バターをポマード状に練る。

②砂糖と卵をミキサーにかけて①を加え、おから、くるみ、薄力粉、ブランデーを混ぜて親指大に丸め、180℃のオーブンで20分くらい焼く。

ブランデーの代わりにバニラエッセンスを入れてもいいし、レーズンやチョコチップを入れて焼くのもいい。

納豆はその日の気分で

『ジャングル・ブック』の主人公の少年は、小さいときにジャングルの中で迷子になって動物たちと暮らす。彼の名前はモーグリだが、それは動物たちがつけてくれた名前で、本名はナトーというんだ、と夫が教えてくれた。どうしてそんな細かいことを憶えているかというと、子どものころ『ジャングル・ブック』の映画を学校から見に行ったとき、迷子の子どもを村人たちが捜すシーンで、「ナトー、ナトー」という呼び声に、みんなが大笑いしたからだという。あのころは納豆売りがどの町にも来ていて、「ナットト、ナットー、ナットー」という売り声になじんでいたから、みんなが笑ったのだった。

私も納豆売りの声は憶えている。「ナット、ナットー」の声と、牛乳配達の壜のカチャカチャという音は、子どものころの朝の音だった。あのころの納豆はたいていワラヅトに入っていて、取り出すのがひと苦労だったけど、いかにも納豆らしくて懐かしい。

今スーパーで売っている納豆は箱入りで取り出しやすいし、小箱のは一人分で食べや

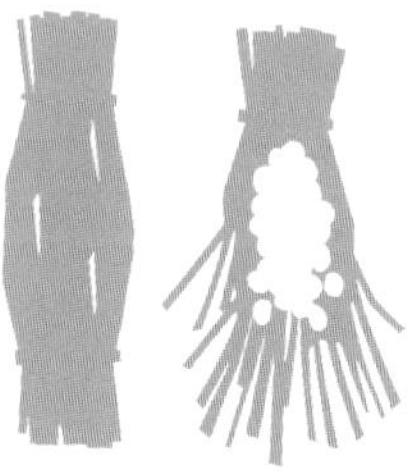

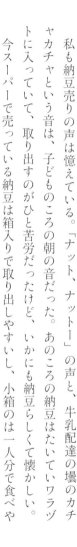

すい。すっかり味つけしたものもあるけど、あれは便利になりすぎてちょっとつまらないと思う。その日の気分でねぎを刻んで入れたり、和辛子を混ぜたり、卵を入れたりするのがうれしいのに。

納豆はそのまま食べるのがいちばんおいしいと思うけど、納豆サラダを考えてみた。にんじん、トマト、きゅうり、レタスをみんな納豆の一粒ずつのように細かく切り、納豆と混ぜて、卵をポンと落とす。サラダ油少々とお醤油で味つけして食べる。

炒め納豆丼。熱したフライパンにサラダ油をひき、ひき肉を入れて強火で炒め、納豆を入れて一緒に炒める。醤油を鍋肌にくるっと回して、胡椒で味つけ。丼にご飯を盛ってひき肉と納豆の炒めたものをのせ、さらしたねぎを加え、おろししょうがのしぼり汁をちょっとかける。醤油を鍋肌から入れるのは醤油の香ばしさを生かすため。

納豆のおやき。お好み焼きの生地に納豆、にら、かつおぶしを入れて焼く。

器は『不思議の国のアリス』の挿絵をあしらったドイツ製の皿。
バックは「アリス」を描いた夫のポスター。

納豆のおやき

［材料］ひきわり納豆1パック　適当に切ったにら10本分　小麦粉½カップ　卵1個　牛乳（水でもいい）¼カップ　醬油小さじ1　サラダ油、かつおぶし、マヨネーズ各適量

①納豆、にら、小麦粉、卵、牛乳、醬油を混ぜ合わせ、サラダ油をひいたフライパンで、お玉の半分の量を1枚として焼く。

②上側にかつおぶしをたっぷり散らし、両面を焼く。

そのままでもおいしいし、マヨネーズをつけてもおいしい。

毎日お味噌汁

イラストレーター舟橋全二さんの奥さんは、カトリーヌさんというフランスの方です。日本に来て十数年。日本語もとても上手。家でも日本語なので、「フランス語しゃべらなくて淋しくない？」ときくと、「日本に住んでるから日本語つかうのあたりまえ」と、かわいい声で言う。

カトリーヌさんは自分で味噌を作る。日本人より日本人みたい。でも、初めは味噌の味がわからなかったそうだ。「おいしい」と思うようになるまで、七、八年かかったという。まず「ご飯がおいしい」と思い、そのころ味噌の味もわかるようになった。

今は大きな木の樽で、二年味噌、早味噌、白味噌の三種類を作っている。私も彼女からもらった味噌を使っています。とてもおいしい。彼女は手作りのよさがわかったから、フランスに行ったらフランスパンを手で作ろうと思ってるの、と話してくれた。

味噌はなんといっても必需品だ。私も合わせ味噌をして一日に最低一回は味噌汁を作

る。味噌汁はそれぞれの家庭のやり方があるけど、私はしじみの場合は味噌だけ、あさりは昆布を少し入れ、豆腐はかつおぶしのだしを加え、ねぎを散らす。

味噌汁で味噌ご飯を作る。かつおだしの普通の味噌汁でご飯を炊いて、焼いたかますをほぐして混ぜる。懐かしい味がする。

味噌は、なすにぬって焼く、といった普通の使い方をするほか、ディップにするのもおいしい。白味噌とマヨネーズを同量、白ごま適量、おろしわさびを加えて混ぜ、切った生野菜につけて食べる。

かたまりの肉を蒸し、ガーゼにくるんで味噌漬けにする。味噌によっては醤油やみりんを足すといい。肉は牛でも豚でも鶏でも。漬けておく時間は肉の厚さで異なる。

豆腐の味噌漬けもいい。水をきってガーゼで包み、味噌に漬ける。チーズのようになる。卵はゆで卵（殻をむいて）でもいいし、生の卵黄もいい。味噌を卵黄の大きさにへこませて卵黄をポトリと落とす。豆腐も卵も三、四日漬けるのが食べごろ。おつまみに最高です。

奥の器は、写真家の立木義浩《たつきよしひろ》さんが、結婚のお祝いでくれたもの。

味噌ご飯

［材料］米2カップ　味噌汁（かつおだしの味噌汁に酒少々を加える）2と⅓カップ　かますの干物2枚

①米を洗って、水気をきり、味噌汁で炊く。
②炊き上がったら焼いたかますの身をほぐして混ぜ合わせる。
三つ葉や白ごまを散らして食べるのもおいしい。

料理をおいしくするコツ

料理をおいしくするコツは、味つけももちろんですが、気分よく食べることも大事だと私は思います。どんなにおいしい料理だって機嫌の悪いときに食べたのではおいしく感じられません。気分というのも立派な調味料です。

味以外に、料理をおいしく感じさせるものの一つに、食器があります。同じ食べ物を盛っても、器が変われば気分も変わってきます。おっかけ茶碗でご飯を食べるより、美しい茶碗で食べたほうがおいしいに決まっています。

でも、おっかけ皿でおいしい料理、という思い出もあります。私の祖父はスコットランド系のアメリカ人で、カリフォルニア州のサン・マテオという町のお墓で眠っています。そのお墓を私と夫がアメリカ旅行で見つけ、それまでアメリカに行ったことがなかった父をお墓参りに連れていき、しかもアメリカの親戚まで見つかりました。あちらも日本人に親戚がいたというので、驚いたり喜んだりして、食事に招いてくれました。野性のラクーンが庭で遊んでいる立派なお邸《やしき》の、立派なディナーでした。ところがメインのお肉がのっていたお皿は、縁《ふち》がかけていたのです。私は、どうしたんだろう、と不思議に思いました。実は歓待されていないんじゃないかとも一瞬思いました。ところが日系のメイドさんが日本語でそっと教えてくれたところによると、そのお皿は百年以上前のもので、その家に代々伝わっていて、いちばん大事なお客さんにだけ出してくれるのだそうです。それを聞いて、一見みすぼらしいおっかけ皿が、急に美しく輝いて見えたのでした。

父はミックスですが、日本の古い文化が好きで、各地の焼き物を大事に持っています。私も若いころから陶器が好きでした。偶然、夫の趣味も一致していました。

夫は自分で陶器を作ったり、お皿に絵を描いたりすることがあります。イラストレーターですから、描くのは得意なジャンルです。私も一緒に窯元へ行って、食器をたくさん作りました。夫は実用性のないものを作るのが好きですが、私は実用一点張りで、すぐ使えるものを作ります。私が形を作って、夫に絵をつけてもらうこともあります。

シロウトが作った食器ですから幼稚なものだけれど、自作の食器に自作の料理を盛るのは、ちょっとゼイタクな気分で、この気分もなかなか悪くありません。

ベロは不思議

ベロというのは不思議なもので、どのベロが正しいのか、本当はよくわかりません。グルメの大家といわれる方が絶賛《ぜっさん》するお店で食べても、ちっともおいしいと思わないこともあります。ベロは学校の試験みたいに、点数がつけられるものではないらしいのです。

どの家庭でも、その家代々の味があります。娘はお母さんから、お母さんはそのお母さんから受けついできた味で、それでベロが教育されます。だから一軒一軒教育が違うわけで、みんなが同じベロにはなりません。

結婚というのは、そういう問題も抱えています。違うベロ教育を受けてきた二人が一緒になるのですから、どんなに愛し合っていても、ベロまで一心同体になるのはむずかしいわけです。もちろん愛する人が作れば何でもおいしいと感じることはあるわけですが、それが一生続くとは限りません。片方が相手に歩み寄るか、それとも相手を教育しなおすか、そういう努力も必要になってきます。

私の場合、偶然ですがベロの趣味がほとんど夫と一致していました。これはとてもラッキーなことだと思います。それでも辛さとすっぱさに関しては、意見が分かれます。私は辛さすっぱさは強くて平気。夫は弱いほう。これだけは悩みの種です。

切っても切れないお米との縁

お米。お米。日本人ならお米との縁は切っても切れない。今、私は炊飯器のタイマーを使ってご飯を炊くけれど、毎朝、夢の中で炊きたてご飯のいい匂いがしてくる。目覚し時計より十五分ほど早く、匂いで目覚める。ふとんの中の炊きたてご飯の香りの中に、日本のお母さんの幸せを感じる。

母の時代は伝統的なお釜でご飯を炊いていた。お釜の水加減は日本の主婦独特の経験と勘の勝負で、今のような目盛りや数字に頼らない。それでも正確においしいご飯を炊くのだから、昔の主婦はえらかった。今の炊飯器はうまくできているから、タイマーも便利だし、おいしさも充分だけど、昔がよかったなーと思うのはおコゲである。おコゲの香ばしさと、口に入れたときの感触はなんともいいものだ。ごま塩かけて食べるおいしさは、ほかの食べ物ではなかなか味わえないと思う。

先日、庄内《しょうない》平野のお寺で、お料理やらなにやらの講演をした。お焼香してから仏様におしりを向けて、お坊さん用の金地のクロスを前に話をした。まわりはみんなたんぼ。会場まで連れてってくれた運転手さんは、自分のうちで収穫するお米を食べるのだそうだ。混合米なんか食べられないよ、と言っていた。うらやましい。今ごろはあのたんぼもこがね色に輝いていることだろう。

新米の炊きたてに、もみのりをのせ、古漬けとかつおぶし、しょうがのみじん切りをパラパラとかけて食べる。私はこれが大好き。キャビアもフォアグラもかなわない。じゃこをサラダ油で炒めて油をきり、野沢菜のみじん切りと一緒にあったかご飯に混ぜるのもおいしい。

ご飯と野菜をキムチであえた混ぜご飯は、火を使わないので無点火ランチと名づけました。

いろいろな生野菜を細かく切ってご飯と混ぜ、フレンチドレッシングをかけるライスサラダも悪くない。

下に敷いたのは、ロシアで買った手作りのテーブルクロス。

無点火ランチ

［材料］ご飯4杯分　ハム200g　きゅうり1本　セロリ⅓本　赤パプリカ½個　青じその葉10枚　貝割れ菜1パック　キムチ100g　醤油、酢各大さじ2　炒りごま（白）適量

①キムチをざく切りにし、醤油、酢を加え混ぜる。
②ご飯に①を混ぜ、器に盛る。
③せん切りにしたハム、きゅうり、セロリ、赤パプリカ、しその葉、2つに切った貝割れ菜、白ごまをまわりに散らし、混ぜながら食べる。

餅はお正月を過ぎても使えます

私の父は、ミックスで外国人の顔をしていたけれど、日本のしきたりが大好きで、家ではいつも和服を着ていたし、純日本風の茶室に自在鉤《かぎ》つきのいろりを作って、そのそばで原稿を書いていた。

お正月は一家そろっていい服を着て、お屠蘇《とそ》を飲んで、長唄のレコードをかけて、お雑煮を食べる。三《み》河《かわ》万歳《まんざい》がやってくると父は喜んで家に上げ、お酒をふるまう。ある年は万歳の人がそのままうちに泊まって、商売道具の鼓を忘れて帰ったこともあった。節分の豆まき、五月の菖蒲湯《しょうぶゆ》。お盆はなすで動物を作り、暗くして回り灯籠を見る。秋はお月見で父の友人が集まり、俳句を作っていた。

今の私の生活は父がやっていたような風情はないけれど、お正月のお雑煮だけは、母の味を守って作っている。お雑煮はそれぞれの地方の味があり、家代々の味がある。私の家のお雑煮は、かつおぶしでだしをとった汁に鶏を入れて、前日にゆでておいた里芋、大根、にんじん、小松菜を入れ、白ちくわ、焼きちくわを入れ、お餅をこんがり焼いて

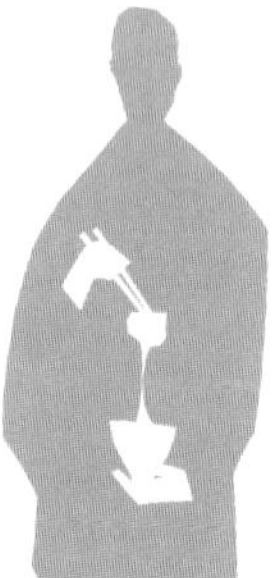

入れる。お餅の焦げかすが上に浮くのをきれいに取って、お椀によそってから、ゆず、三つ葉、のりを散らす。

三が日が過ぎて、お餅がかたくなってきたら、熱湯に浸したお餅を器ごと電子レンジでチンする。きなこや大根おろしでからめて食べる。

もっとカチカチになったお餅は、さいころみたいに砕いて、油で揚げる。肉と野菜の入った具だくさんのスープに片栗粉でとろみをつけ、揚げたあつあつの餅にジャッと音をさせてかける。簡単に中国のおこげ料理の味になる。おこげ料理はおいしいけど、家庭で中国風のおこげを作るのは大変なので、いい方法はないかなと考えて、お餅を利用することを思いついたのだった。

ラザニアのパスタを餅(かたくなる前)に代えるのもおいしい。うす切りにした餅にミートソースとホワイトソースとチーズをからめてオーブンで焼く。和風イタリア料理になる。

奥は鳥好きの和田さんの誕生日にプレゼントした壺。

レミ式おこげ料理

［材料］かたくなったお供え餅200g　えび8尾　いか1ぱい　豚肉200g　ゆでたけのこ、にんじん、干し椎茸、ねぎ、絹さや各適量　しょうが少々　鶏ガラスープ4カップ　酒、オイスターソース、醬油各大さじ1　塩、胡椒、片栗粉、ごま油各少々　サラダ油適量

①えびは殻、尾、背わたを取る。いかは皮をむいて格子状に包丁目を入れ、一口大に切る。豚肉は一口大に切り、えび、いかとともに塩、酒、片栗粉各少々（分量外）で下味をつける。
②たけのこ、にんじん、もどした干し椎茸、ねぎを薄切りにする。しょうがはみじん切りにする。
③中華鍋にサラダ油を熱し、①②、絹さやの順で炒め、鶏ガラスープ、酒、オイスターソース、醬油、塩、胡椒で味をつけ、水溶き片栗粉でとろみをつけてごま油をチラッとふる。
④お餅は細かく割って、油（分量外）でカリッと揚げる。
⑤④を器に入れ、③を上からジャッとかければＯＫ。

パンのいちばんおいしいところ

小さいころ、パンを買いに行くのが私の役目だった。自転車こいで二十分くらいのところにパン工場がある。そこで焼きたてのパンを買う。大きな工場で、高いところで大勢の人が働いていて、パンが焼けるいい匂いがして、まるで童話の世界みたいだった。私が小さかったから、工場がうんと大きく、高く見えたのでしょう。

ほかのお客さんがいたという記憶はない。工場に直接買いに行く人はいなかったのに、私の父はパン好きだから、特別に工場に交渉していたのかもしれない。

食パンを買って帰ると、私は食パンのコックさんの帽子の形でコンガリ焼けている頭のところをパカッとはがして食べる。かたくて香ばしくておいしい。いちばんおいしいところを食べるのは買ってくる私の特権だった。あとの部分をみんながトーストにする。

パンのかたく焼けたところが好きな私は、フランスパンというものを初めて知ったときは大喜びした。全身が私の好きなようにできているのだから。

そのかたいフランスパンも、時間がたつと、食べられないかたさになってしまう。そうなると普通はパン粉にするのだけれど、おいしい食べ方もある。

フランスパンこぶし大二つに対して桃の缶詰一缶を用意。パンは適当にちぎっておく。缶詰の桃をフォークでザクザクにつぶしておく。ゼラチンを水でふやかし、温めて溶かす。この三つをボウルに入れ、よく混ぜて、果実酒と砂糖とレモン汁で好みの甘酸っぱさにし、冷蔵庫で冷やして固めると、サバラン風ケーキになる。食べるときにホイップクリームをかけるとさらにおいしい。

もう一つ。同様に切ったフランスパンを牛乳と卵にひたし、バターで焼き、チョコレートを削って上にのせる。シナモンとブランデーをふると、立派なケーキになります。

ソースをかけないで食べてもおいしい。

サバラン風ケーキ

［材料］フランスパンこぶし2つ分ぐらい　黄桃（缶詰）1缶（450g）　ゼラチン5g　キルシュ（または白ワイン）、レモン汁各大さじ2　砂糖大さじ1　ソース｛生クリーム200cc　砂糖、キルシュ各適量｝　ミントの葉少々

①ゼラチンに水大さじ3（分量外）を加え、ふやかしてから湯せんにして溶かす。30秒チンでもいい。

②フランスパンを適当な大きさにちぎる。かたくなったパンはたたいて小さくする。

③黄桃は汁ごとボウルにあけ、フォークでつぶす。キルシュ、レモン汁、砂糖を加えて、①と②を混ぜ、型に入れて冷やし固める。

④型からはずして器に盛り、砂糖を入れてホイップした生クリームにキルシュを加えたソースをかけ、ミントの葉を飾る。生クリームの代わりに、好みでヨーグルトでもいい。

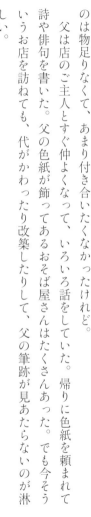

父とそば、私とうどん

私の父は年をとるまで油っこいギトギトの食べ物が好きで、さっぱりしたものは食べたがらないので、「体に悪いですよ」とよく母に言われていた。でもそばだけは別だった。父は頑固な親爺さんがいるような古いのれんのおそば屋さんをたくさん知っていて、よく私を連れていった。私は子どもだったから、そばが食事というのは物足りなくて、あまり付き合いたくなかったけれど。

父は店のご主人とすぐ仲よくなって、いろいろ話をしていた。帰りに色紙を頼まれて詩や俳句を書いた。父の色紙が飾ってあるおそば屋さんはたくさんあった。でも今そういうお店を訪ねても、代がかわったり改築したりして、父の筆跡が見あたらないのが淋しい。

私が初めてオリジナル料理を作ったのは小学生のとき。豚バラと椎茸、にんじんを炒めて、庭になっていたまっ赤なトマトをとってきてつぶして入れて、ゴトゴト煮て、ゆでたうどんも入れてまた煮た。おいしいうどんシチューの出来上りだった。でも家族全員気持ち悪がって食べないので、私は一人で食べた。

今ならまずにんにくみじんを炒めておいて、それにほかのものを加える。椎茸の代わりにマッシュルームを使い、塩、胡椒で味を調え、ローリエなどを加えれば、しっかりイタリア風になる。

同じく小学生のとき作ったオリジナルは、うどんにホワイトソースをからめ、炒めた椎茸、玉ねぎ、にんじん、ベーコンを加えて、チーズをふり、オーブンで焼く。これも一人で黙々と食べた。家にあったものだけを使ったのだ。今ならこれにアンチョビを入れる。

次は大人になってからの考案。ゆでたそばを洗い、水をきっておく。生野菜（にんじん、きゅうり、しその葉など何でも）をせん切りにし、貝割れ菜も加える。そば、野菜、焼きのりのせん切りと一緒に、そばつゆに酢を加えたものか、ポン酢醬油をかけて食べる。おいしいそばサラダです。サラダ油やごま油を加えるとコクが出る。

モロヘイヤそば。ゆでてミキサーにかけたモロヘイヤとおろした長芋をかけてそばつゆで食べるヘルシーそば。

庭のレンガを水でぬらして、レンガ色を際立たせて写真を撮りました。

モロヘイヤそば

［材料］そば1把　モロヘイヤ1把　長芋こぶし大　そばつゆ、焼きのり、わさび各適量

①モロヘイヤの茎の部分を取り除き、熱湯でゆでて、ミキサーにかける。
②長芋はすりおろす。ビニール袋に入れて壜でたたいてもいい。
③ゆでたそばに①②をかけ、焼きのり、わさびを好みの量のせて、そばつゆを注ぐ。

シュウマイの皮の絵

『平野レミ・料理大会』は私の初めてのお料理の本。挿絵を二人の息子が描いた。当時、子どもは小学校と幼稚園に行っていた。夫は子どもの絵が大好きで、子どもが描き散らしたいたずら描きを私が捨てると、拾い集めて大切にしていた。夫に言わせると、子どもは誰でも絵が上手で、大きくなるにつれて常識的になり、平凡になっていく。だからこの時期の絵は貴重なのだそうだ。

夫はイラストレーターなのに、子どものほうが絵がうまいと言って、自分は本のレイアウトをして、絵はたった一枚しか描かなかった。その一枚というのは、シュウマイの皮の絵だった。シュウマイを包むとき、四隅を切っておくときれいに包める、という説明図で、正方形の四つの角が切れているという、それだけの線画だった。

さて、シュウマイ、餃子、ワンタン、春巻きなどの皮は、それぞれ目的のものを包む以外にもいろいろに使えて便利。粉を練るところから始めてもいいけれど、市販のもの

を使えば楽です。

残った餃子、春巻きの皮をパリパリに油で揚げてサラダに入れると香ばしくておいしいし、餃子の皮のまわりに切込みを入れて立ててくっつけ、カップ状にして、油でパリッと揚げた中にゆでたえびとアボカドを入れてチリソースなどを加え、カップごと食べるのもいいい。

えびの胴のところを春巻きの皮でくるっと巻いて油で揚げる。塩とレモンで食べるとおいしい。花椒塩やマヨネーズでも。

ワンタンの皮に白身魚、コーンビーフ、かき、しめじ、アボカドなど、それぞれ包んで揚げる。外から見えないので、食べて初めて中身がわかるのが楽しい。

シュウマイの皮をパスタと考えて、ラザーニアを作ったこともある。ゆでたシュウマイの皮にホワイトソースとミートソースとチーズを重ね、グラタン皿でオーブンに入れればＯＫ。

サモサは本当はインド料理だけど、餃子の皮で作ってみた。じゃがいもと豚ひき肉、グリーンピース、玉ねぎを餃子の皮で包んで揚げて、ヨーグルトソースで食べる。

メキシコで買ったお皿。壁かけにもなる。

サモサ

［材料］餃子の皮（大）1袋　じゃがいも（中）2個　豚ひき肉ひとつかみ　玉ねぎ（みじん切り）1個分　ゆでたグリーンピースひとつかみ　合わせ調味料〔しょうが汁、レモン汁、クミンパウダー、ガラムマサラ、カイエンペッパー、塩各小さじ½〕　ソース〔ヨーグルト1カップ　クミンパウダー、ガラムマサラ各小さじ⅓　塩、胡椒各少々〕　サラダ油、揚げ油各適量

①じゃがいもはゆでて皮をむき、マッシュする。
②玉ねぎと豚ひき肉をサラダ油で炒める。
③ボウルに①、②、グリーンピース、合わせ調味料を入れて混ぜ、餃子の皮で包む。フォークで縁を押さえて跡をつけ（模様にもなる）、油で揚げる。皮に火が通れば出来上り。
④ソースの材料を混ぜ合わせ、あつあつの③につけて食べる。ソースはケチャップやチリソースもいい。

じゃがいもは立派な人なのです

十七歳のときに、初めて大勢の人の前に出て歌った。シャンソンを勉強している仲間の発表会。銀座・ヤマハホールだった。先輩の金子《かねこ》由香利《ゆかり》さんも一緒だった。
初めての経験だったから、緊張して「どうしようどうしよう」と言っていたら、先生や仲間が「客席にいるのはみんなじゃがいもだと思えばいいのよ」と安心させてくれた。
ステージに出ると、ライトがパッと自分に当たって、客席なんか見えなくなってしまう。人間だかじゃがいもだか、なんにもわからない。地に足がついてないようで、フワフワした変な感じだった。私は「ジョリ・シャポー」や「マルセリーノの歌」を歌った。
それにしても、じゃがいもと思うのはせっかく来てくれたお客さんに失礼だし、じゃがいもなら平気と思うのはじゃがいもに失礼なような気がする。本当はじゃがいもは主食にもおかずにもなるし、おやつにもなるし、ビタミンBとCがいっぱいあっておいしくて、立派な人なのである。

皮のまんまホクホクにふかして、まん中を十字に切って、バターをたっぷりのせて塩で食べるのが、シンプルでとてもおいしい。いかの塩辛をのせるのもおいしい。

ふかしたじゃがいも（小さければそのまま、大きければ四つ切りにして）を熱したフライパン（フッ素樹脂加工のもの）に入れ、バターをからませ、塩と粉チーズをふりながら炒める。パセリのみじん切りを混ぜて食べる。香ばしくておいしい。

これが残ったら、翌日、電子レンジでチンして、熱い油でからっと揚げる。表面がカリカリに香ばしく、中がほっくりして、これまた昨日と違った味わいになる。

次はサンフランシスコで知った味で、ポテトスキンという名前。オーブントースターでカリカリに焼いたじゃがいもの皮にチーズをのせてまた焼く。それだけなのにとてもおいしい。普通は捨てちゃう皮なのに中身よりおいしいと子どもたちも喜んだ。中身ももちろんいろいろに使える。

和田さんが独身のころから持っていたアルミのトレー。

ポテトスキン

［材料］じゃがいも2個の皮　チェダーチーズひとつかみ　塩少々

①じゃがいもをきれいに洗って皮をむき、塩をふっておく。

②サラダ油（分量外）をぬったアルミホイルに皮を敷きつめ、オーブントースターでカリッと焼く。チーズをのせてまた焼いたら出来上り。

ポテトのたらこあえ

［材料］皮なしのじゃがいも2個　Ⓐ｛たらこ（皮から中身を出す）½腹　サワークリーム大さじ4　わけぎの小口切り適量｝

①じゃがいもをせん切りにしてボウルに入れ、熱湯をたっぷり注ぎ、しばらくおく。

②透き通ってきたら湯をきり、Ⓐであえる。たらこの代わりにアンチョビあえもいい。

九里四里うまいさつまいも

私が子どものころ、家の近所はまだ畑が多かった。お転婆だった私は近所の男の子たちを従えて、畑の野菜を盗みに行く。秋はさつまいもを掘った。私は父の長靴をはいて行く。ぶかぶかのすきまに、とったさつまいもを詰めて帰るのだ。悪いことをしている気持ちはなくて、あれは子どもの冒険だったのだけど、とった野菜で八百屋さんごっこをしていたら、近所の人に見つかって大騒ぎになったこともあった。

焚火の中にさつまいもを入れて焼きいもにして食べるのは最高においしい。外側がまっ黒に焦げて、あちちあちちと言いながら割ると、中は黄色くホクホクに焼き上がっている。でも今の都会では焚火をするスペースなんてなかなかないから、こういう食べ方は長い間していない。

昔見た焼きいも屋さんの屋台に「十三里芋」と書いてあった。何のことかわからなか

ったのだが、夫にそのことを話したら「栗よりうまい」ということだよ、と教えてくれた。「九里四里《くりより》うまい」という言葉遊びなのだった。

焼きいもはおやつだけど、おかずとしてのさつまいもは、甘辛く煮るのと、てんぷらにするのがポピュラーだ。味噌汁にも入れる。

蒸しパンの生地の中に、さいの目に切ったさつまいもを入れて蒸す、というのもある。さつまいもを小さく切ってゆで、薄力粉、牛乳、卵を使った生地に混ぜて、フライパンで焼く。砂糖やシナモンをふったり、メープルシロップやはちみつをかけたりして食べる。これはおいしいおやつになるので、「三時のおサツ」と名づけました。

皮をむいて薄切りにしたさつまいもをたっぷりの水で煮る。途中、生クリームを加え、ミキサーにかける。塩、胡椒で味を調えればおいしいさつまいもスープになる。色もきれいです。バターを加えるとコクが出る。ヴィシソワーズ風に冷たくしてもおいしい。

器は島健《しまけん》、島田歌穂《しまだかほ》夫妻のロサンゼルス土産。

三時のおサツ

［材料］さいの目に切ったさつまいも1カップ　薄力粉¾カップ　牛乳½カップ　とき卵1個分　バニラエッセンス少々　バター大さじ2　シナモン、バター、粉糖各適量

①さいの目のさつまいもをやわらかくゆでる。
②薄力粉、牛乳、とき卵、バニラエッセンスをよく混ぜる。
③フッ素樹脂加工のフライパンに①とバターを入れ、②を流して、両面焼く。フライパンが小さければ小分けして焼けばいい。
④皿にとってシナモンをふり、バターをのせ、粉糖をふって食べる。メープルシロップやはちみつでもOK。りんごやレーズンを加えてもいい。

盆栽みたいな里芋

友だちのうちに遊びに行ったら、床の間に立派な盆栽のようなものが飾ってあった。小さくてグリーンのきれいな葉っぱがたくさん上に伸びている。よく見るとそれは里芋だった。まあきれい、どうしたの？　ときいたら、友だちは「台所にほったらかしにしてあった里芋が勝手に芽を出しただけなのよ」と答えた。きれいな器に入っていたので、立派な盆栽に見えたのでした。

私もさっそくまねをした。そっくり同じだとシャクなので、さつまいもにした。たまたまうちの台所には芽を出したさつまいもがあったのだ。きれいなお皿にのせてテーブルに飾った。ところがさつまいもは茎が長くなって、横に広がってしまうのだ。里芋の葉はまっすぐ上に伸びるのできれいなのだけれど、さつまいもはテーブルいっぱいになってしまう。

里芋の種類に、八つ頭というのがある。それと同じで、衣かつぎという種類もあるの

だと思っていた。でも本当は小さな里芋を皮のままゆでる（または蒸す）料理法のことをいうのだった。ほんのり塩味と、指の中で皮がツルリとむける感じがとてもいいものだ。父がしていたお月見も、すすきと、丼に盛った衣かつぎがつきものだったのをよく憶えている。

里芋なら甘辛く煮た煮っころがしがおいしいし、お雑煮に入れるのもわが家の味だけど、私のオリジナルもある。

その一は里芋だんご。里芋を蒸すか、電子レンジでチンして、皮をツルッとむいて、マッシュしておく、干し椎茸（もどして）と長ねぎをみじん切りにして、鶏ひき肉と酒、塩、しょうが汁を合わせ、コネコネして、小さなだんごを作る、さっきマッシュした里芋をまわりに衣のようにつけて、蒸す。これに片栗粉でとろみをつけた鶏ガラスープをかければ中国風、かつおだしなら和風になる。三つ葉、しょうが、長ねぎのせん切りをのせて食べる。

その二は豚芋。これは里芋にラップをかぶせて電子レンジでチンして粗めにマッシュ。その上に豚肉とわけぎを炒めてジャッとかける。混ぜながら食べる。

器は昔、父と笠間《かさま》に行ったとき買ったもの。

豚芋

［材料］里芋400g　豚バラ肉のひき肉100g　わけぎ適量（長ねぎなら1本）　塩適量

①里芋をよく洗って、ラップをかけて電子レンジで7〜10分くらいチンしてふかす。
②ふかした里芋をペーパータオルにのせ、指で軽くつまむようにしてクルッと皮をむき、フォークかマッシャーで粗めにつぶす。
③フライパンにひき肉を入れ、カリカリになるまでよく炒めてから、みじん切りのわけぎを加えて炒め、塩で調味する。
④器に②の里芋を入れ、③を熱いうちに上からジャッとかけ、混ぜて食べる。

わが家のカレーの特徴

前に私が小学生のときに初めて作ったオリジナル料理のことを書いたけど、その後オリジナルじゃない普通の料理を、母を手伝って作っていた。私一人で勝手に作った普通の料理の最初は、カレーライスだった。

中学の卓球部の仲間と夏休みに蓼科《たてしな》高原にキャンプに行ったとき、みんなは山に登り、私ともう一人の友だちが下で料理当番をやった。あっためればできるカレーなんてなかったから、大きな鍋で肉と野菜を炒め、小麦粉を炒って、カレー粉をどばっと入れた。ご飯は飯盒《はんごう》で炊いた。カレー粉を入れすぎて、みんな辛い辛いと言った。なんとか食べられるものだったけど、今でも同窓会に行くと「レミのカレーは辛かったなあ」と言われる。

それから長い月日が過ぎて、私は結婚した。中山千夏《なかやまちなつ》ちゃんが結婚のプレゼントをくれた。それはカレーのセットだった。カレー用のスパイスの詰め合わせ。それに千夏ち

ゃんの手書きのレシピが添えられていた。レシピの前書きには「カレーって、カレーの木があるんじゃなくて、こういう何種類ものスパイスを混ぜて作るんだよ。混ぜ方で味がかわるよ」と書かれていた。私はそのときまで、カレー粉というのはカレーの実からとれるのだと思っていたのだ。料理にはもともと興味があったが、結婚以来、頑張って料理を工夫してみようかと思ったのには、夫に食べさせるためというだけじゃなくて、千夏ちゃんのプレゼントが楽しかったのもひと役買っている。

そしていろいろやってみた後の、わが家のカレーの特徴。とろみは小麦粉を使わず野菜で出す。野菜、牛肉をよく炒め、圧力鍋で形がくずれるほど煮る。その間にカレー粉を炒り、クミンシードを炒る（炒ってから手でもむと香りがよく出る）。ガラムマサラを加えて、野菜、牛肉と混ぜる。その日の気分でりんごをすって加えたり、チリペッパーを加えたり。生クリームを混ぜるとマイルドになる。

これとは別に、かきのカレーもおいしい。かきのエキスがカレーにしみて、これまた絶品。

かきの殻にピクルスを入れました。器はアメリカのデザイナーが日本で焼いた陶器。

かきのカレー

［材料］かき20個　なす2本　玉ねぎ5個　セロリ、にんじん各1本　にんにく4かけ　カレー粉大さじ3　唐辛子1本　Ⓐ｛鶏ガラスープ5カップ　塩、胡椒、オイスターソース、ウスターソース各少々｝　小麦粉大さじ1と½　バター、サラダ油各適量

①玉ねぎはスライスし、みじんにしたにんにくと一緒にサラダ油できつね色になるまで、ゆっくりと30分ほど炒める。

②セロリ、にんじんは薄く切り、サラダ油でしんなりするくらいに炒める。カレー粉はから炒りする。

③大きな鍋に①②を入れて一緒に軽く炒め、Ⓐを加えて、煮立つまで中火、煮立ってからは弱火でコトコト3〜4時間煮込む。

④かきは塩水で洗い、ペーパータオルでしっかりと水分を取る。塩、胡椒（各分量外）と小麦粉をふり、バターで薄く焼き色がつくまで焼く。なすは厚さ1.5㎝の輪切りにし、バターで炒める。

⑤温めた③の鍋に④を入れてひと煮立ちさせ、味を調える。

マヨネーズの性格

若い人はマヨネーズ味が好き。私はあまり積極的にはマヨネーズを使わないけど、子どもが好きだから、彼らに合わせるとマヨネーズが食卓に上ることが多くなる。思い出すと私の父もマヨネーズが好きだった。私が小さいころ、父はよく上野のアメ横に出かけてアメリカ製の食料品を買ってきた。その中にマヨネーズもあって、日本製のよりも色が白かったのを憶えている。

幼児のためのお料理の本を作ってくださいと頼まれたことがある。小さい子に料理に興味をもってもらおうという企画だけど、危ないから火も包丁も使わない、というのが条件。それではできるものに限りがあって、ご飯に生卵、ご飯にのり、そしてマヨネーズをのっけて食べる、なんてことを初期の段階として書いたら、ご飯にマヨネーズというのは、大人は顔をしかめる。でも子どもたちからは「おいしいです」と手紙をもらったりした。一人の幼稚園の先生からは「変なこと教えないでください」という手紙をもらったけれど。

夫はカレーライスにマヨネーズをかけるとおいしいと言う。私ははじめはなんて趣味の悪い、と思ったが、考えてみるとマヨネーズは卵黄とサラダ油と酢と塩、胡椒だから、いろんなものに合う性格を持っているのだ。

市販のマヨネーズもいいけど、自家製もいい。昔は攪拌器《かくはんき》で手間がかかったが、今は電動ハンドミキサーがあるので、あっという間にできる。

マヨネーズを使ったシーフード料理。蛤、帆立、あさり、ムール貝、車えび、やりいかなどの上にマヨネーズをかけ、バジルをふり、マヨネーズにこんがり焼き目がつくまでオーブントースターで焼く。大皿に盛ってレモン汁など好みに味つけして食べる。

ふとっちょあじフライ。フライ用のあじの開きにキャベツのマヨネーズあえをはさんでフライにしたもの。マヨネーズが入ることで魚の味がマイルドになるし、ソースなしで食べられる。野菜もたくさんで、ふとっちょだけど脂肪太りではありません。

器は、山城《やましろ》隆一《りゆういち》さんが絵付けした皿。猫の絵が描いてあります。

ふとっちょあじフライ

［材料］あじ（フライ用に開いたもの）4尾　キャベツ2～3枚　玉ねぎ¼個　マヨネーズ大さじ4　フレンチマスタード適量　衣（小麦粉適量　とき卵1個分　パン粉適量）　塩、胡椒各少々　サラダ油大さじ1　レモン、揚げ油各適量

①あじに軽く塩、胡椒をふっておく。キャベツはせん切り、玉ねぎは薄切りにする。
②サラダ油を熱し、キャベツをしんなりするまで炒める。火を止めて玉ねぎを混ぜ、あら熱を取ってから、マヨネーズを混ぜる。
③あじのおなかにマスタードをぬり、4等分した②をはさむ。
④③に衣の小麦粉、とき卵、パン粉を順につけ、170～180℃の油（分量外）に入れる。少し色づいたら返しながら揚げ、きつね色になってカリッとしたら油をきる。
⑤器に盛り、レモンを添える。

人生最高のおにぎり

おにぎりの中身は、おかか、梅干、鮭などがあって、区別をつけるために中身をほんの少し上にちょんとのっけるけれど、のりで巻くとシルシが見えなくなってしまいます。だから私は三角、丸、俵形というふうに形を変えてにぎって、区別をつけるようにしています。でも丸がおかかで三角が梅干、というふうに憶えておくのを忘れてしまって何にもならないときもあるけど。

私の妹は三角ににぎることができません。子どもが三人いて立派なお母さんをやっているのに、三角おにぎりだけが駄目。これは不思議で、台所で私と並んで一緒に手の形を見ながらやっても、どうしてもできません。妹は「どうして三角になるのか不思議」と言うし、私は「どうして三角にならないのか不思議」と言う。妹の子どもたちは「三角のおにぎり作って」と言ったけど、三角おにぎりを食べられないまま、お弁当の年齢を過ぎてしまいました。

私が最高に感激したおにぎりがあります。それは長男を産んだときのことです。

初めての出産は苦しくて、陣痛から出産まで十四時間。やっと生まれたら私は放心状態になってそのまま眠ってしまいました。それから何時間眠ったのか自分でもわかりません。目がさめたら枕もとにおにぎりが置いてありました。病院で用意してくれた梅干のおにぎりでした。

　そのおいしさ！　痛さと疲れからの解放感と、大仕事をなしとげた充実感と、子どもに恵まれた幸福感と、全部がそのおにぎりの中に入っていました。どんなご馳走もあのおにぎりにはかなわない。あんなにおいしいものはもう食べられないだろうと思います。

誰かのために

料理する人には、感想を言ってくれる人が必要です。「おいしい」と言ってくれれば最高ですが、こうすればもっとおいしくなるんじゃないか、と批評をしてくれる人がいれば、勉強になります。

作りながら味見を繰り返しているうちに、舌がマヒして本当の味がわからなくなってしまうことがあります。そんなときに、そばに誰かいてくれるとありがたいです。夫でもいいし、子どもでもいいから、味をみてもらいます。

私は母の台所で、母が作っているのを見ていつのまにか料理を憶えました。子どものころは、父が大勢の不幸なミックスの子どもたちの面倒をみていて、わが家には子どもの居候がたくさんいたので、私は母を手伝って、みんなのために料理を作りました。

中学、高校のころは、ボーイフレンドができると家につれて来て、彼のために料理を作ったものです。カレーライス程度ですけど。それでも、特定の誰かに食事を作るとなると、誰でも頑張ります。頑張れば何とかおいしくできるものです。

結婚すれば、当然夫のために料理を作るので、ここでまた一段階上達。それから子ども。子どものためにレパートリーをふやします。栄養のことや公害のことなども自然に考えるようになります。こうして私たちは、いろいろなきっかけのたびに、進歩していくのかなと思います。

小さいころに食べたトマトの味

家族でヨーロッパ旅行をしたときのこと。イタリアの田舎のレストランでサラダを注文したら、水の入った鉢にたくさんのへたつきトマトが丸ごとプカプカ浮かんで出てきたのでびっくりしてしまった。さあ勝手に好きなように食べろという感じ。

このトマト、かぶりついたら昔の味がした。一つ一つ違った形で、まっ赤なのにかたくて、味にコクがあって、自然に太陽を浴びた香りがする。私が小さいときに食べていたトマトはこういう味だった。懐かしかった。

私の歌のレパートリーに「トマト」という曲がある。夫の作詞作曲で「トマトトマト赤く色づく／トマトトマト太陽のしずく」というふうに韻を踏んでいる。私はお料理講演のときなんか、ついでにこの歌をうたうことがある。これをうたうときはトマト形のメガネをかけて、トマト形のマラカスを振る。

トマトは丸ごとかぶりついてもおいしいけれど、ちょっと変わった食べ方をご紹介。

トマトの皮をむいてざく切りにし、塩をふっておく。フライパンにオリーブ油とにんにくスライスを入れ、弱火で炒めてオリーブ油ににんにくの香りを移す（にんにくをみじんにしてオリーブ油に混ぜるだけでも簡単でいいけど、生にんにくがツンツンするから）。にんにくを除いて冷まし、トマトにかけ、バジル（しそでもＯＫ）の葉のせん切りとあえる。おいしいサラダです。ガーリックトーストの上にのっけてパクッと食べてもいい。

同じ材料（トマト、にんにく、オリーブ油、塩）をミキサーにかけてドロドロにし、ゆでたスパゲッティにかけ、バジルの葉（しそでもＯＫ）を散らす。スパゲッティのゆで方はアルデンテがいいですね。アルデンテのデンテはデンティストのデンテで歯のこと。歯ごたえのあるゆで方。スパゲッティの代わりにそうめん（この場合は冷やして）でもおいしい。私はこれを「南仏そうめん」と名づけました。

夫が絵付けした皿にスウェーデンのガラス皿をのせた。下の布は私のブラウス。

南仏そうめん

［材料］そうめん6把　ソース｛トマト大3個　にんにく2かけ　オリーブ油大さじ6〜8　塩、胡椒、タバスコ各適量｝　バジルまたは青じその葉適量

①トマトのへたを取り、半分はさいの目に切って飾り用に残し、あとは粗めに切って、にんにく、オリーブ油と一緒にミキサーにかけてなめらかに混ぜる。ボウルに移して塩、胡椒、タバスコで調味する。

②そうめんをたっぷりのお湯でかためにゆで、ざるにとって冷水につけ、流水の下でもみ洗いして、水気をきってから①のボウルに加えてあえる。細切りにしたバジルまたは青じその葉と、飾り用にとっておいたトマトを加える。

このトマトソースはガーリックトーストにのっけてもおいしい。

ピーマンで真剣勝負

先日、ＮＨＫ「きょうの料理」の子ども特集に出た。「きょうの料理」にはおなじみのテーマ音楽があるけど、それに歌詞をつけて歌った。「おいしい料理食べて／その上からだにいいの／みんなで楽しく食べて／すくすく元気」という歌詞を夫がつけてくれた。

この番組は子どもに嫌いなものを食べさせるのがテーマだった。日本体育・学校健康センターというところが、全国の小学生約千人にきいて、嫌いな食べ物を調べたところ、一位が魚、二位がピーマン、三位がにんじんだったという。それをもとに番組が作られた。

当日はスタジオで小学校三年生の子、十三人が嫌いなものを食べるという設定。大人の料理番組ではタレントやアナウンサーが料理を食べて、おいしくなくても「あらおいしい」と言うことがある（顔つきでわかってしまう）けど、子どもは正直だから本当においしくないとおいしいと言ってくれないと思って、私は頑張った。

一位の魚でカナッペを作り、二位のピーマンは和風と洋風で工夫した。和風はご飯に合うピーマンふりかけ。熱湯にピーマンのせん切りを入れ、青くささを取ってから水きりしてみじん切りにし、同量のじゃこと一緒に油で炒める。醬油、オイスターソースで味つけして、白ごまを散らす。

洋風はポタージュ。ピーマンのせん切りをたっぷりの熱湯に通し、水をきってミキサーに入れ、鶏ガラスープ、ご飯（とろみをつけるため）、白ワイン（青くささを取るため）、塩、胡椒を加えてスイッチオン。スープ皿に注ぎ、生クリームとクルトンを浮かした。

子どもたちはどれもおいしいと言ってくれた。スープの後、種あかしをした。「今のはこれよー」とピーマンを見せたら、子どもたちは「えーっ」と口を押さえた。最後にごほうびにとシャーベットをあげた。これもおいしいと言ってくれた。嫌いなもの三位のにんじんで作ったシャーベットだった。

バックは夫が描いたポスター。

ピーマンのポタージュ

［材料］ピーマン4個　鶏ガラスープ2カップ　白ワイン大さじ2　ご飯大さじ4（とろみ用）　塩、胡椒、クルトン各適量　生クリーム少々

①ピーマンを半分に切って種を取り、せん切りにする。たっぷりの熱湯でゆでて、水気をきる。
②ゆでたピーマンと鶏ガラスープ、白ワイン、ご飯をミキサーにかけ、塩、胡椒で味つけし、器に注いでクルトンを浮かす。お好みで生クリームを入れる。

泥だらけのにんじん

　わが家にときどき「こんちはー」とやってくるおばさんがいる。日に灼けてまっ黒な顔、かすりのきものを着て、大きな荷物をしょっている。荷物の中身は泥だらけの野菜で、とりたてを田舎からかついで持ってくるのだという。

「見場は悪いけんど、うめえんだよー」というのがおばさんの決まり文句で、たしかに新鮮野菜でおいしいのだ。

　けれどただ一つわからないのは、朝早く農村から荷物をしょってやってくるはずのこのおばさんに、夜中でもうちの近所でよく出会うことである。「おばさん」と声をかけると、「やー、どーもどーも」と元気のいい返事をしてくれるけど、おばさんははたしてどこから来ているのであろうか。

　謎もあるけれど、おばさんから買う泥だらけのにんじんは、やわらかくて水気があって甘く、生で食べるのに向いている。スティックにして塩だけふって食べたり、マヨネ

ーズつけて食べたり。

そこで、今回はにんじんのお料理。

にんじんのせん切りサラダ。せん切りにしたにんじんに塩をしてしんなりさせ、水気をきる。にんにくをおろしたものとフレンチドレッシングに砂糖を少し加えて混ぜる。色のきれいなサラダです。

肉料理のつけあわせのマッシュキャロット。蒸したポテトにバター、塩、胡椒、牛乳を加えてねっとりするまでマッシュしたものに、にんじんをすりおろして煮たものを加える。本体はポテトだけれど、色がオレンジ色になってきれい。

にんじんポタージュ。鶏ガラスープでにんじんを煮て、そのまま濾して、塩胡椒する。それだけでおいしいにんじんポタージュだが、オレンジを搾るとさらに風味が出る。

にんじんシャーベット。にんじんをジューサーにかけ、かすは捨て、残ったにんじんジュースにレモン汁、はちみつ、白ワインを加えてフリーザーへ。たまに混ぜて空気を入れる。ほんわかシャーベットの出来上り。

写真の背景をひと工夫したくて、外から家の窓に向かってホースで水をかけてみた。
窓ガラスを流れ落ちる雫がとってもきれいだったけど、
写真にはなんにも写りませんでした。

にんじんシャーベット

［材料］にんじん3本　レモン汁、はちみつ各大さじ2　砂糖、白ワイン各大さじ1　ミントの葉少々

①にんじんをジューサーにかける（1カップのジュースになるのが適量）。レモン汁、はちみつ、砂糖、白ワインを加えて冷凍庫に入れる。
②たまにかき混ぜて空気を入れる。数時間でシャーベットになる。
③器に盛り、ミントの葉を添える。

一富士・二鷹・三なすび

初夢で縁起がいい「一富士・二鷹・三なすび」という言葉を子どものころから知っていたけど、最後のなすびというのがよくわからなかった。富士山は美しい山だからわかる。鷹は強くてかっこいい鳥だからわかる。なすになると急に調子が狂うような気がした。実は今でもよくわからない。三トマトじゃいけないのかしら。

お盆にもなすが登場する。なすに割箸で手足をつけて飾る。私の小さいころはどの家にもそういう習慣があったようだ。あれはなすを馬にして、ご先祖様が乗って帰るように、という気持ちなのだろう。最近までうちの近所のおばあさんが、家の前になすの馬を並べて送り火を焚いていたのを思い出す。その人が亡くなって、そういうほのぼのとした風景が見られなくなってしまった。

なすは直火で焼いて、しょうが醤油で食べる、というのが素朴でおいしい。油で焼いてしょうが醤油、というのもいい。なすには油がしみやすいので、油にも合う。

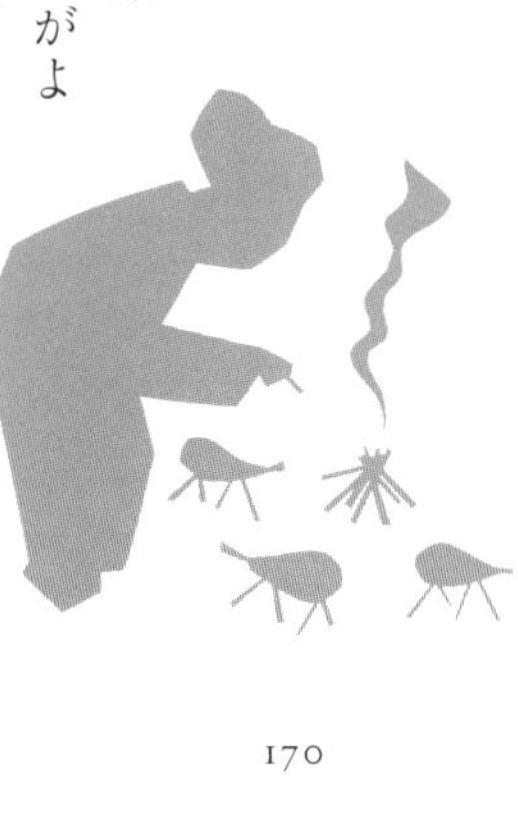

なすを焼いてからさいて、オリーブ油を使ったドレッシングににんにくをきかせてその中に漬け、アンチョビ少々をちょんちょんとのっけて冷たいのを食べる。

ラタトゥイユはフランス料理だけど、日本の夏野菜全員集合で作れる。なす、きゅうり、トマト、玉ねぎ、ピーマン、適当に切って、にんにくをきかせたオリーブ油で炒め、水を使わずにコトコト煮て、塩胡椒して出来上り。冷やしてもおいしい。

この夏野菜全員を炒め、最後にたっぷりのバターを加え、塩胡椒してスパゲッティにかけると、おいしい野菜スパゲッティになる。

なすを薄切りにし、小口切りにした赤唐辛子と一口大の牛肉と一緒に炒める。これにごまペースト（練りごま、醤油、酒、味噌、砂糖を合わせる）をからめ、器に盛って白ごまを散らすと、これもおいしい一品になります。

器は中国製。ポピュラーな魚の絵柄で今もたくさん作られているけど、
これは台北《タイペイ》で手に入れた骨董品。

なす牛肉炒め

［材料］牛肉（薄切り）150ｇ　なす3個　ししとう3本　赤唐辛子2本　ごまペースト｛練りごま、醤油各大さじ2　酒、味噌、砂糖各大さじ1｝　炒りごま（白）適量　サラダ油大さじ4

①牛肉は一口大に切り、なすは縦半分に切ってから斜め薄切りにし、赤唐辛子は1本を種を除いて小口切りにする。ごまペーストの材料は合わせておく。

②サラダ油を熱し、小口切りにした赤唐辛子、ししとう、なす、牛肉の順に入れて炒め、ごまペーストを加えて味をからめ、よく火を通す。

③器に盛って炒りごまを散らし、もう一本の赤唐辛子を彩りに添える（彩りはなくてもかまわないけど）。

いつの間にか好きになった大根

私が家で〝アベック〟という言葉をつかったら、高校生の長男が笑って「そんな言葉は大昔にしかつかわなかったんじゃないの」と言う。「今はなんて言うの」ときいたら〝カップル〟なのだそうだ。それで「じゃ大根足って知ってる？」と言うと、「意味は知ってるけど、つかわないよ」と言っていた。

そういえば足の太い人は見かけなくなった。若い人はみんな長くてほっそりした足をしている。それにしても〝大根足〟という言葉は足だけでなく大根もバカにしていると思う。大根の太さにもいろいろあるけれど、よく見ると白くてきれいなものだ。それにおいしい。でもそのおいしさは大人になってわかった。

子どものころは大根が嫌いだった。母は「子どもにはこのおいしさがわからないのかしら」と言ったが、無理に食べさせることはしなかった。

今は喜んで大根を食べる。いつごろから食べるようになったか憶えていない。大きく

なったらいつの間にか好きになっていた。子どもに無理に「食べろ食べろ」と言わなくても、好みは自然に変わってくるのだろう。

大根は生でも煮てもおいしい。特に冬は甘みが出て水っぽくておいしくなる。大根をせん切りにして貝割れ菜と混ぜ、わさび入りポン酢を加え、もみのり、白ごまをドバッとのせて、かき回して食べる。おいしくて一本分食べられます。

大根を蒸して、鶏と一緒にコトコト煮る。中身はおかず。煮汁はスープ。さっぱり味で、これも、大根一本すぐ食べちゃう。

たっぷりの水の中にオックステールを入れ、身がポロッとはがれるくらいやわらかくなるまで煮る。骨からおいしい牛骨のエキスが出てきたころ、大根おろしをたっぷり入れる。まっ白な大根おろしに火が通って透き通ってくると、入ってないように見えるので、たくさん入れる。塩、胡椒、酒で味つけして、青ねぎの小口切りをいっぱいのせて、フーフー言いながら食べる。ご飯を入れてもおいしい。

器は私の手作りに夫が絵付けしたもの。取り皿は日本のアンティーク。

大根と鶏

［材料］大根1本　水2.5リットル　鶏もも肉3枚　長ねぎの青いところ5本分　しょうが1かけ　昆布10cm角1枚　塩小さじ2　酒大さじ3　胡椒少々

①大根は皮をむいて厚さ1.5cmに切り、面取りして（しなくても平気）、蒸し器の台にじかに並べ、透き通るまで蒸す。蒸すことによって大根くささが全くなくなる。

②大鍋に水、1枚を6つに切った鶏もも肉、長ねぎ、しょうが、昆布を入れて火にかける。あくをすくい、きれいになったら①の大根を加え、塩、酒、胡椒を入れてコトコト煮る。梅干の果肉を入れるとさっぱりした味になる。

スープと具を別々にして、大根と鶏は醬油に豆板醬少々と長ねぎのみじん切りを加えたたれをつけて食べるのもいい。翌日、冷たくなったものもおいしい。

きんぴらごぼうをほめてくれた人

ごぼうをささがきしていると、私はいつも八木《やぎ》正生《まさお》さんを思い出す。八木さんは一流のジャズピアニストで、作曲家、編曲家。お洒落で、飲むこと食べることが大好きな人だった。フランス料理が好きで、自分でも作った。だから本当は八木さんを連想するのはワインとフォアグラなんだけど、どうしてごぼうかというと、私が作ったきんぴらをほめてくれた人だからです。

八木さんは夫の親友で、よくわが家にみえたから、新妻の私はせっせと家庭料理を出した。そのたびに八木さんはおいしいおいしいと言ってくれた。料理するスピードがいいとも言ってくれた。

あるとき、「四季の味」という雑誌にリレーエッセイがあって、八木さんは自分が書いた次に私を指名した。「料理のエッセイなんか書けないから夫を指名してください」と私は言ったが、「ふだんぼくにごちそうしてくれるような料理のことを書けばいいんだよ」と八木さんが言い、私は初めて自分勝手な料理のレシピを書いた。「四季の味」はその後、私の料理を写真に撮って出してくれた。それがきっかけで、私は料理の仕事をするようになったのである。八木さんは私の恩人だが、急に亡くなってしまった。その少し前に電話で、「みんな八木さんのおかげです」と初めてお礼を言えたのだった。

私のきんぴらはごぼうとにんじんが五対一くらい。せん切りにしてサラダ油で弱火でよーく炒め、かつおぶしの濃いだし汁を少しと醤油を入れ、さらに炒めて水分をとばし、ごま油をちらっとかけ、火を止めてから、白ごまと七味をたっぷりふる。

ごぼう鍋。たっぷりの熱湯の中に、ごぼうのささがきいっぱいと、豚バラ肉と、春雨を入れる。アクを取って、山椒や七味の入ったポン酢で食べる。あとのだし汁に味噌を入れ、ご飯を入れて味噌仕立てのおじやにすると、これもおいしい。

ごぼうサラダ。ごぼうのささがきを酢を入れた熱湯でさっとかたゆでにして、フレンチドレッシングにマヨネーズを加えたソースやごまドレッシングで食べる。

この土鍋はずっと昔から使っているもの。底にひびがたくさん入っています。

ごぼう鍋

［材料］ごぼう2本　春雨100ｇ　豚バラ肉（薄切り）300ｇ　酒、塩、醤油各少々　ポン酢｛ゆず、すだち、かぼすなどのしぼり汁、醤油、かつおだし｝適量

①ごぼうの皮をこそげて、ささがきにし、さっと水につける。
②春雨を熱湯に漬けてやわらかくし、適当な長さに切る。
③薄切りの豚バラ肉を食べやすく切る。
④鍋にたっぷりの水を煮立ててごぼうを入れ、やわらかくなったら春雨、豚肉を入れ、アクを取って、酒、塩、醤油で薄く味をつける。

ポン酢で食べる。ポン酢は、ゆずなどのしぼり汁と醤油を同量にし、かつおだしで好みの酸っぱさに調節する。

残ったら、翌日、味噌を入れて味噌汁に。ご飯を入れて、おじやにしてもおいしい。

かぼちゃを食べない夫

かぼちゃは唐なすともなんきんとも呼ばれる。日本のかぼちゃはごつごつした深緑色のが多いけど、西洋のかぼちゃはつるんとしたオレンジ色だ。目や口をくりぬくハロウィーンのかぼちゃや、馬車に変わるシンデレラのかぼちゃは西洋の形が似合う。色紙に描かれる武者小路《むしゃのこうじ》先生のかぼちゃは日本の形がいい。

うちの夫はかぼちゃをあまり食べない。子どものころは戦争中で、ご飯の代わりにお芋やかぼちゃを食べていたので、戦争を思い出すのだと言う。それに戦争中のかぼちゃは肥料も少なくて、やせてておいしくなかったそうだ。今のかぼちゃは違うのよ、おいしいのよ、と言っても夫はなかなか箸をつけない。

本当にかぼちゃはおいしくて、食べよい大きさに切って水から煮て、やわらかくなったところで醤油と砂糖でほどよく味つけしてホクホクに煮るだけで素敵な家庭の味になる。

かぼちゃのてんぷらもおいしいし、衣に片栗粉を混ぜてカラッと揚げ、天つゆの代わりに花椒塩をつけて食べるのもいい。

かぼちゃを煮てやわらかくして、コンソメスープと牛乳でのばし、ハンドミキサーでつぶして濾して、塩胡椒で味つけすればパンプキンスープの出来上り。温かくても冷たくてもおいしい。

かぼちゃを蒸して砂糖とシナモンを入れてフォークでつぶし、生クリームをかければ簡単なデザート。白ワインやキルシュをふれば本格的な味になる。

これを和風にするなら、蒸したかぼちゃをつぶし、砂糖と生クリームを加えて寒天で固めると、かぼちゃのようかんになる。

かぼちゃ（まるごと）の上部を切り取り、果肉を残して種を取り除き、ボウルに卵三個、砂糖二分の一カップ、ココナッツクリーム、牛乳各一カップを入れてよく混ぜ、かぼちゃの中に注いで、中火で四十分ほど蒸す。冷やして切ってスプーンで食べる。タイで覚えたデザートでした。

京都の知り合いからプレゼントされた古いお皿。

かぼちゃのようかん

［材料］Ⓐ｛粉寒天小さじ1（2g） 水¾カップ 砂糖50g｝ 生クリーム½カップ かぼちゃ300g

①鍋にⒶを入れ、混ぜて火にかけ、中火で2～3分煮て火をとめて生クリームを混ぜる。

②かぼちゃはラップをして600Wで5分チンし（途中でひっくり返す）、少量をコロコロに切る。残りは皮をとり（正味150g）マッシュする。

③コロコロ切りとマッシュを一緒に①と混ぜ合わせ、容器に入れて1時間冷蔵庫へ。固まったらようかんのように切り分ける。

付き合い上手な冬瓜

冬瓜《とうがん》という名前は冬のものみたいだけれど、夏に食べる果物。果物というか野菜というか。似たような形をしていても、すいかやメロンは果物だし、かぼちゃは野菜だし。冬瓜はどちらかといえば無味無臭で、おやつに食べるよりは料理に使う。だから野菜といったほうがいいかもしれない。

夫の話によれば、子どものころ、『冬瓜将軍』という絵本を持っていたそうだ。それは中国のお話で、冬瓜から生まれた子どもが悪人を退治して将軍になるのだという。桃太郎みたい。似たようなお話が世界中にあるのだろうか。

冬瓜はくせがなくて素直だから、日本料理にも中国料理にも西洋料理にも使える。相手の素材と上手に付き合ってくれるのだ。果肉がとてもやわらかくてくずれやすい。だから煮るときは水からグラグラッと煮立てて、ほどほどにやわらかくなったら火を止め、余熱で中まで火を通すようにする。その後、好みの味つけをするといい。

鶏のあんかけ。サラダ油で玉ねぎと鶏ひき肉を炒め、鶏ガラスープ、砂糖、酒、醬油を加え、弱火で煮て、水溶き片栗粉でとろみをつける。これをお吸物味のだし汁で煮た冬瓜にかける。これは和風。

火を通した冬瓜を炒めて、かに缶や帆立を加え、中華スープを入れてコトコト煮て、塩胡椒する。香りづけにごま油と醬油をチラリ。これは中国風。

西洋風は豚肉（スペアリブ）のスープに入れて塩胡椒。

先日、わが家の庭でバーベキューパーティをやったとき、友だちが冬瓜をくりぬき、別に和風味のスープで果肉とあなごをコトコト煮て、くりぬいた皮（皮には夫が包丁で猫の絵を彫った）を入れ物にして出した。これが大好評でパーティも盛り上がり、みんなが楽器を弾いたり歌ったりしたので、近所の人から「うるさい！」とどなり込まれてしまった。

器は陶芸家の黒田泰蔵《くろだたいぞう》さんの作品。

冬瓜の煮物

［材料］冬瓜（皮を薄くむいたもの）¼個　オクラ数本　焼きあなご1尾　鶏ガラスープ3カップ　かつおだし3カップ　酒大さじ1　塩小さじ1弱　うす口醤油少々

①冬瓜を3㎝角に切って面取りし、沸騰した湯の中に入れて、そのまま冷ます。

②鶏ガラスープとかつおだしを合わせ、酒、塩、うす口醤油で味を調える。

③①を水きりして、②の中で煮くずれしないように動かさないで煮含める。

④あなごを一口大に切って熱湯でさっとゆがいて焦げを落とし、③の中に入れる（あなごのだしが出てますますおいしくなる）。

⑤器に入れ、ゆでたオクラを浮かして食べる。
ひと晩おいて冷たくなってもおいしい。

父はにんにく嫌い

私はにんにくが大好きだけど、父はにんにくが嫌いだった。だから実家ではにんにくを使う料理は父に内緒でやっていた。それでも父はにおいに敏感で、遠くにいても「レミ！　くさいぞーッ」と大声で言い、窓を開けて空気を入れかえる。包丁をよく洗ったつもりでも、にんにく料理の後の包丁を使うとすぐわかっちゃって、「なんてくさいんだ」とその日のご飯を食べないほどだった。

そのくらい嫌いだったから、私もにんにくを食べるのはなんだか悪いことをしているみたいで、とっても落ち着かなかった。結婚して夫のところに行った日は、晴れてにんにく料理ができる日でもあった。

母にきいても、戦前の日本ではにんにくはあまり食べなかったそうだ。みんなが平気で食べるようになったのは、せいぜい三十年くらい前のことじゃないかしら、と言う。やっぱり各国の料理が浸透してきて、日本でもおなじみになったのでしょう。

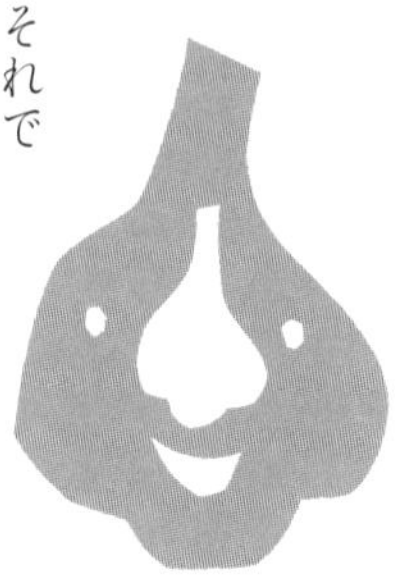

にんにく解禁になった私は、スライスをバター炒めしてカリカリにして塩ふって食べたり、すりおろして、オリーブ油と合わせてパンにぬってガーリックトーストを作ったり、みじん切りをご飯と炒めてガーリックチャーハンを作ったり（火を止めてから、しその葉を混ぜるとおいしい）、唐辛子とにんにくを炒め、トマトと一緒にスパゲッティに入れたり、サラダに入れたり、にんにくオンパレードの毎日だった。今でも私の台所にはいつもにんにくがごろごろしていて、必需品です。

牛肉を塩、胡椒でソテーしてお皿にのせ、フライパンで大量のにんにくスライスをバターとサラダ油でジージーと炒め、こんがりきつね色になったら醬油を少したらして、油ごとジャーッとお皿の肉にかける。にんにくの香りと油と醬油がとけあっておいしくなり、肉の味も引き立つ。白いご飯にぴったり。

このにんにくジャーッは、ドレッシングであえたサラダの上にかけてもいいし、スパゲッティ、焼きそばなどにかけてもおいしい。

にんにく丸揚げをもろみ味噌や花椒塩で食べるのもワイルドでいい。

もろみ味噌と野菜を入れた器は夫の手製。

にんにく丸揚げ

［材料］にんにくまるのまま2個　油、もろみ味噌、花椒塩各適量

にんにくがやっと入るくらいの小鍋を用意し（油が無駄にならないように）、揚げ油を入れ、弱火で熱して、丸のままのにんにくを入れ、10～15分、きつね色になるまで揚げる。ホクホクのにんにくを手でむいてもろみ味噌で食べる。花椒塩をつけるのもおいしい。

揚げた後の油はドレッシングや炒め物に使うとイタリア風味になる。

松茸は秋の味覚の代表選手

今年は松茸がいつもより安いそうだ。それでも松茸といえばゼイタクなものという先入観があり、自分ではなかなか買えない。一年に一度は誰かが送ってくれるので、毎年それを期待してしまう。

長男が幼稚園のとき、たまにはゼイタクをしましょうと思って、小料理屋さんに松茸を食べに行ったことがある。松茸ご飯を少し食べたら、子どもが苦しいと言いだした。どうしたの？　と言ってるうちに顔がはれ上がってきた。松茸料理を食べてる最中だったから、後ろ髪ひかれる思いで子どもと一緒にうちに帰った。

数日後、知り合いから松茸が届き、包みを解かずに玄関に置いておいた。子どもが幼稚園から帰ってきた。そしてすぐに「かゆいよー」と言う。松茸アレルギーだったのだ。それからは子どもがいないときに松茸を食べるようになった。出かけている間に家中の窓を開けて、大あわてで食べる。めったに食べないものだからまあいいけれど、わが家

では数年間、松茸を落ち着いて食べられなかった。

たいていの野菜が温室で作られるようになって、季節の味が少なくなっているが、松茸だけはいつまでも秋の味覚の代表選手だ。それでも真夏や真冬に松茸ご飯が食べたくなったら、こんな手がある。

お米を炊くときにしめじや細切りにした椎茸を加え、松茸の即席お吸物パックを入れ、市販の松茸エッセンスをふって、炊く。インチキ松茸ご飯だけど、ゆずをしぼって食べるとまるで本物。椎茸も松茸に見える。ただし、あつあつを食べないと匂いが出ません。

本物の松茸は土瓶蒸し、ホイル焼き、お吸物と、スタンダードなものがやっぱりおいしいが、わが家では豚と松茸炒めが好評。シャブシャブ用の豚三枚肉をたっぷりの熱湯にさっと通し、水をよくきって松茸と一緒にフライパンでバター炒めして、塩、胡椒、醤油を鍋肌にくるっと回して味をつけ、丼のあったかご飯に汁ごとジュワーとのせて食べる。七味をふってゆずをしぼれば絶品。

お吸物味にした汁にご飯と松茸を入れる。秋いっぱいの松茸雑炊もいい。

バックはうちの長男が幼いときに絵を描き、私の父がそれに詩をつけた、書面の額。

松茸雑炊

［材料］松茸中2本（薄切り）　ぎんなん（ゆでて薄皮をむく）少々　ご飯適量　三つ葉、ゆずの皮各少々　かつおだし10カップ　塩、醤油、酒各少々

①かつおだしに塩、醤油、酒を入れてお吸物味にし、松茸を加え、ぎんなんとご飯を入れ、さっと煮る。

②ゆずの皮、三つ葉をちらっと入れて、秋を食べる。

枝豆はアルデンテで

ビールがおいしい季節になった。私はウイスキーも日本酒も飲めないけど、ビールは好き。夏の暑い日の夕方、ご飯の支度をしてガスレンジの熱などでよけい熱くなった後、食事の直前に飲むビールはなんともおいしい。でも飲みすぎると太っちゃうから注意しないといけない。太る太ると言いながら、ビールを飲んでいる。

ビールといえば連想するのは枝豆だ。枝豆は塩を入れた熱湯でゆでる。ていねいにやる場合はさやごと塩もみしてからゆでる。そうするとグリーンが鮮やかになって見た目もきれい。ゆですぎると色が茶色っぽくなるので、アルデンテがいい。

たいてい枝つきだから、さやを一つ一つ枝から取るのが意外に面倒くさい。子どものころ、実家ではそれが私の役目だった。今うちの子は二人とも男で、台所を手伝ってくれない。枝豆をゆでるときは、面倒くさくなったら、枝つきのまま熱湯につっこんじゃう。それでも充分なのだ。バーベキューパーティのときなんか、ひと枝ずつお客さんに

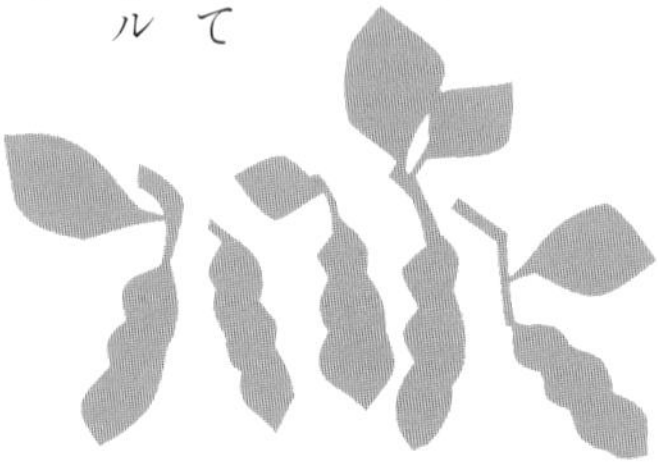

渡すことができて便利だ。

　普通の食べ方ばかりで飽きたときは、例えばなすをソテーした上にゆでた枝豆の粒をパラパラッとかけ、中国風のドレッシングをかけて冷やして中国風おひたしにして食べる。夏向きの色でおいしい。

　やはり枝豆の粒を利用した私の新作は、春巻きの皮にえび（殻をむき、背わたを取り、尾も取ったもの）と、白身魚の代わりにはんぺん（小指の太さくらいに切る）と枝豆（粒をパラパラ）をのせ、胡椒をふって、くるくるっと巻いて、くるくる巻いた後は水溶き小麦粉ではがれないようにくっつける。そして油で揚げる。カリッときつね色に揚げて、酢醤油やマヨネーズ、またはカレー粉と塩を同割で混ぜた調味料をつけて食べる。

　これもビールによく合う。もちろん、ご飯のおかずにもなる。春巻きの皮を使うけど、枝豆が入るので「夏巻き」という名前にしました。

バックは夫が描いたポスター。

枝豆の中国風おひたし

［材料］枝豆（ゆでて皮をむく）1カップ　なす3個（1㎝の輪切り）サラダ油適量　合わせ調味料〔醤油大さじ2　ごま油大さじ1　酢大さじ½　砂糖小さじ½　干しえびのみじん切り小さじ1　水少々〕

　なすをサラダ油でソテーして合わせ調味料にジュッとつけ、枝豆を加えて冷やす。

私は料理愛好家

私は料理の先生ではありません。料理に関するお仕事をするとき、「肩書きは料理研究家ですか」とよくきかれます。私は「肩書きは主婦ですよ」と答えますが、「主婦は肩書きとはいえません」なんて言われて「それなら料理愛好家にしといてください」とお願いします。

料理は好きですが、子どももまだ小さいし、自分も面倒くさがり屋だし、特別なところへ買いに行かなければ手に入らない材料を使ったり、前の日からつきっきりで煮込んだり、というような手間や時間がかかることはできません。

それでも、栄養を考えたり、家族が飽きないような工夫をしたりします。レストランなら毎日お客さんが違うから同じ味を売り物にできるけど、家庭ではそうもいきません。シェフ料理も立派だけど、毎日のシェフ料理もなかなか大変です。

だからこそ、楽しくご飯の支度をしたいと思います。子育ても同じだけど、義務感でやっていたのではつらいから、料理と遊ぶつもりで作ると気も楽です。教えられた通りではなく、自由に素材を組み合わせてみたり。食べられるもの同士を組み合わせるのですから、食べられないものが出来上がることは滅多にありません。思い切った工夫が、案外傑作になったりして、そういうときは、シアワセ気分いっぱいです。

夫は私の協力者

聡明な料理人は、料理をしながら片づけもするのだそうです。私はいくつかの料理を一度にやることまではしますけど、聡明でないせいか、片づけるのまでは手が回りません。皿洗い、片づけはどうしてもあと回し。

多量のあと片づけが後にひかえていると思うと、そのための余力を残しておかなければなりません。そんなこと思ってたら料理に全力投球ができなくなるし。

夫はいつのまにか、皿洗いを手伝ってくれるようになりました。最初からそうだったわけではなく、毎日というわけでもありませんが、二人の男の子の子育てで、カリカリしながら私が台所に立っているのを見て、少しは手伝ってやろうという気になったらしいのです。

それから夫は、私のアドリブ料理の味見役をやってくれます。私は自分で作っておきながら、最初に食べるのは不安なときがありますが、夫はどんなときでも平気でどんどん食べてくれます。

料理には協力者が必要なようです。私はいつのまにか、要領よく、夫を協力者に仕立ててしまいました。夫をそっと教育するのも、料理のコツの一つかもしれません。

ワインを飲む態度

夫はワイン党だけど、私はずっとビール党で、長いことワインに関心がありませんでした。どのくらい関心がなかったかというと、数年前のこと、クリスマスか何かのとき、とっておきのロマネコンティを飲もうと夫が言いだして、置いてあるところを捜したけど見つからない。おかしいな、変だな、と夫は言っている。私はハッと気がついた。電気屋さんにあげてしまったのです。

私は電気屋さんやペンキ屋さんや、家で工事をしてくれる人に、「晩酌してね」とお酒をあげることがよくあって、たいてい手ごろなウイスキーをあげてるのだけど、その日はウイスキーがなくて、ああワインがあった、これでいいやと渡してしまったらしい。電気屋さんも「どうも」と気軽に焼酎でももらう感じで受けとっていきました。知らないということはみんなが平和です。平和でないのは夫だけ。

ところがいつのまにか、夫唱婦随で私もワインが好きになりました。最近では買い物のついでにワインも買って、かかえて帰ってくるのが楽しみのひとつになりました。料理しながら片手にワイングラス。その料理にコクが欲しくなると、そのグラスからお鍋にドボドボと入れることもあります。

ワインを飲むのって、ビールを飲むときとはこちらの態度がちがいます。ちょっと緊張して、ワインと対峙《たいじ》する感じになる。いいワインだと相手に人格があるようで、きちっとした態度で接しないと失礼な気がします。ワインでへべれけになるなんてもってのほか。さらっと口当たりがよいのに、ズシーンと余韻を楽しませてくれるワインに出会うと、とても幸せ。いいグラスで飲むと、もっと幸せ。

「葉っぱ」はいいことだらけ

私は「葉っぱを食べなさい、葉っぱを食べなさい」と、いつも夫や子どもに言ってます。私、つい葉っぱと言いますが、これはもちろん木の葉のことじゃなく、野菜のこと。野菜は身体にとても大切なものです。

肉料理もおいしいのですけど、肉だけ食べてると、血がドロッと濁って、流れが悪くなるような気がします。気がするだけじゃなくて、科学的にもそうらしいのです。

それから植物のせんいは腸の中をきれいにするようです。身体がすっきりすれば気分もすっきりで、葉っぱはいいことだらけ。

でも、子どもは野菜をなかなか食べようとしません。そこで頑張って、野菜をおいしく食べる工夫をします。私のいろいろなサラダは、そういう必要から生まれたものばかりです。

サラダは主役じゃないから、気張らずに作って気軽に出せます。さっぱりしたもの、コクのあるもの、種類もいろいろ知っていたい。缶詰の豆を、お皿に盛ってドレッシングをかけただけでもサラダだし、玉ねぎとツナ缶でもいいし、にんじんの千切りをおろしにんにくと砂糖を少し入れたドレッシングで混ぜたサラダもおいしい。水にさらした長ねぎの千切りをごま油と醤油であえ、かつおぶしをドバッとかけるのもサラダ。

メインの料理のほかに、サラダを三種類ほど出すと、テーブルも華やかになって、活気づきます。

野菜をサラダにすると、葉っぱがふわーっとふくらんで量が多く見えます。それで、たくさんサラダを作ると残ることがあります。残ったサラダを（ドレッシングでびしょびしょになっていなければ）ジャッと炒めるとつっぱっていた野菜がクショ ンと小さくなって、結局たくさん食べられるようになります。

鉢植えのいちご

いちごはかわいらしい果物で、お皿でもエプロンでもいちごの絵が描いてあると、それだけでうれしくなります。私が持っているイタリア製の大皿にはいちごがついていて、これは絵ではなくて陶器の一部が立体的な実物大のいちごになっているから、このお皿に果物を盛って出すと、間違えて陶器のいちごをコチンコチンとつっついてしまう人もいる。

うちの子どもが小さいころ、「いちご」と言えなくて「シチジョ」と言ったのがかわいくて、今はもう大きくなったのに、つい高校生の息子に「シチジョ食べる？」と言ってしまう。

幼稚園ではいちごの鉢植えを子どもに育てさせてくれた。卒園のころにちょうど小さな実をつけるので、卒園式の日に家に持って帰ってくる。上の子も下の子もそうだったから、鉢植えのいちごを見ると、子どもが幼稚園児だった姿を思い出す。

いちごを食べるのは、単純ないちごミルクが充分おいしいけれど、そのいちごミルク

（いちごをフォークでザクザクにつぶし、牛乳と砂糖を混ぜたもの）を冷凍庫に入れ、たまにかき回して空気を入れてまた冷やす。二、三回繰り返すとシャーベットになる。牛乳の代わりに生クリームを使うと、コクが出て、アイスクリーム風になります。

いちごを砂糖でコトコト煮て（電子レンジでもできる）、レモン汁とキルシュ数滴で風味をつけるといちごソースになる。このあつあつを市販のバニラアイスクリームの上にトロッとかけて食べる。口の中が熱いのと冷たいのでびっくりして、とても面白くておいしい。

このいちごソースの冷たいものを、クリームチーズとサワークリームを二対一で合わせた上にかけて食べるのもいい。くるみやアーモンドなどナッツ類を焼いて砕いて、チーズに混ぜておくと、口の中でカリカリおいしく、複雑なハーモニーが生まれて舌が喜びます。

いちごと砂糖同量をよくつぶしてドロドロにし、壜に入れておく（冷蔵庫で長もちする）。パンにぬるのもいいし、ホットケーキにもいい。紅茶に入れるのもいい。これはロシアで教わった。

バックに敷いたのは、私が独身時代に作ったレース編み。

クリームチーズといちごソース

［材料］クリームチーズ400g　サワークリーム200g　レモン汁少々
炒ったくるみひとつかみ　いちご½パック　いちごジャム½カップ
キルシュ大さじ２　ミントの葉少々

①クリームチーズ、サワークリーム、レモン汁、刻んだくるみを混ぜ合わせて、器にのせる。
②いちご、いちごジャム、キルシュをボウルに入れ、フォークでいちごをつぶしながらよく混ぜて①にかけ、ミントの葉を飾る。

りんごと美空ひばりさん

私は美空ひばりさんが大好きだった。小さいころからひばりさんのレコードが出るたびに買ってきて、そっくりにまねをした。でもある日、「津軽のふるさと」という歌をうたってみたときは「ああもうまねできない」と思った。あんまり上手すぎてとても手に負えなかったのだ。「津軽のふるさと」はりんご園をうたった歌で、「リンゴ追分《おいわけ》」と同じくひばりさんがうたったりんごの歌の傑作だと思う。

そういう歌の思い出があるから、私はりんご園を夢の世界のように思っていた。大人になってから東北のりんご園を訪ねたことがある。車で近づくと、りんご園は白いカスミがかかって、白い霧の中から現われてくる。本当に夢のような風景だった。でもすぐそばに来たら、白いカスミは農薬で、赤いりんごがまっ白になっていたのだった。ちょうど農薬撒布の時期だったのである。夢と現実はちょっと違っていた。

料理に使うりんごは紅玉がいい。かたくて酸っぱくて。セロリやキャベツなどと一緒

に細かく刻んでサラダにする。マヨネーズとヨーグルトを混ぜたもので食べる。

紅玉の芯を取り、そこに砂糖とシナモンをまぶしたレーズンを詰め、オーブンで焼く（天板に水を張り、その上の網にりんごを置く）とおいしい焼きりんごのデザートになる。レーズンの代わりにカスタードを入れてもいい。

りんごのドレッシング。りんご二分の一個分のしぼり汁と、その半量の玉ねぎ、にんじんのすりおろしと、白ワインビネガー、サラダ油、オレンジジュース各二分の一カップ、砂糖大さじ一、胡椒、塩少々を混ぜたドレッシングは、フルーティで、プレーンなサラダによく合う。最後にバルサミコを加えるとさらに風味が増す。ロシアで味を知り、帰ってすぐ時差ボケも忘れて再現してみたら大成功。これを私から教わった友だちなんか、大量に作ってお歳暮にしています。

甘酸っぱいりんごソースを作ってポークにかけるのもいい。豚肉とりんごがよく合う。

お皿はウェッジウッド。

りんごソースかけポーク

［材料］豚肉（とんかつ用ロース）4枚　塩小さじ1　レモン汁、チリソース各大さじ1　りんごソース（りんご1個　玉ねぎ⅓個　オレンジジュース½カップ　砂糖、白ワイン各大さじ1　バター大さじ2　ナツメグ少々）

①豚肉に塩、レモン汁、チリソースで下味をつける。
②オーブントースターにアルミホイルを敷き、豚肉の両面を焼く（包丁で切れ目をつけておくと反り返らない）。
③ソースを作る。りんごは皮をむいてスライスし、刻んだ玉ねぎ、オレンジジュースと一緒に鍋に入れ、弱火で煮る。りんごがやわらかくなったころ、砂糖、白ワイン、バター、ナツメグを入れ、さらに15分ほど煮てからミキサーにかける。
④皿に豚肉を盛り、りんごソースをかける。

アボカドは風変わり

夏休みにアメリカに行ってきた。夏休みといっても遊びに行ったのではなく、私の祖父の絵の展覧会のため。祖父はアメリカ人で、カリフォルニア州のサン・マテオに素敵な日本庭園を残し、日本では水墨画を勉強して作品を残しているので、その絵をサン・マテオの日本庭園の茶室で展示したのです。

カリフォルニアにはおすしのカリフォルニア巻きがあって、今ではすっかりポピュラーになったけれど、私が初めてアメリカに行った二十年前、あちらのおすし屋さんでこれを食べたときはずいぶんびっくりした。のり巻きにアボカドが入っていたのだから。でもアボカドはご飯にものりにもよく合うのだった。

二十年前は、アボカドそのものがまだあまりなじみがなくて、近所のスーパーにはほとんど置いてなかった。新婚当時、夫が自分でどこからか買ってきて、半分に切ってオリーブオイルとレモン汁をたらして食べていたのを、珍しそうに眺めたものだった。

アボカドは果物の中でもちょっと風変わりで、果物というより、野菜というより、チーズみたいな感じがする。そのせいかデザートだけでなく、料理の素材としていろいろな面白い使い方ができる。

アボカドの果肉をさいの目に切って、まぐろもさいの目に切って、一緒にわさび醤油で食べる。目をつぶって食べるとどっちがアボカドでどっちがまぐろかわからないほど。

アボカドの果肉とえびを、醤油、わさび、マヨネーズ、塩であえ、アボカドの皮に詰めてオーブンで焼くアボカドグラタン。わさびがぴりっときいておいしい。

薄いお吸物味のご飯を炊いて、炊きたてにサーモンとアボカドを混ぜ合わせる。酢飯にサーモンとアボカドというのもおいしい。その場合は、わさびの細かいせん切りをのせ、もみのりをかける。これも絶品。

器はリモージュ製。シャンパングラスはベネチアで購入。

アボカドグラタン

［材料］熟れたアボカド2個　えび大4個　調味料〔マヨネーズ大さじ4　わさび、塩、醬油各少々〕

①アボカドを縦半分に切り、種を取ってスプーンで中をえぐる。えぐった中身をえびの粗みじんと合わせ、調味料と一緒にボウルでよく混ぜ合わせる。

②4つになったアボカドの皮に①を詰めてオーブンで焼く。

父が買ってくれた箱入りレーズン

外国製のものが今のようにたくさん手に入らなかったころ、父はアメリカのお菓子や缶詰のスープなどが好きで、ときどき上野のアメ横に出かけてはそういうものを買い込んできた。その中にレーズンもあった（あのころはレーズンじゃなく干しぶどうと言っていた）。小さな紙の箱にギュウギュウに入っていて、ふたを開けてポンと出すと、四角い形のままぽとんと出てくる。そのまんま食べると口の中でぽろぽろと分かれるのが面白くて、おいしくて、好きだった。

その箱は、赤い帽子をかぶって、ぶどうをいっぱい入れたかごを持った女の子の絵が描いてある。とてもなつかしいデザインだが、そのデザインは今も使われている。

三年ほど前、私はカリフォルニア・レーズンのコマーシャルの仕事で、カリフォルニアのぶどう畑に行ってきた。フレズノ市というところ。砂漠のまん中の町で、シエラネバダ山脈の雪どけ水を利用してぶどうを育てている。

その町で、私は赤い帽子をもらった。レーズンの箱の少女がかぶっているあの帽子。レーズン畑に貢献した人にくれるという。それなら私も頑張らなくちゃと、レーズンを使った料理を考えた。

一、レーズンいわし。鍋にレーズン、酒、醬油、水を入れて煮立て、弱火にして頭とはらわたを取ったいわしを入れる。落としぶたをして二十分ほど煮る。

二、レーズンポーク。豚肉を五センチ角に切り、水たっぷりでやわらかくなるまでゆでる。ゆで汁は捨て、改めて鍋にゆでた豚と、水、レーズン、酒、醬油を入れ、味がしみ込むまでよく煮る。

三、レーズンチキン。チキンをソテーしておき、レーズンソース（レーズン、玉ねぎのみじん、赤ワイン、シナモンをスープで煮込んだもの）をかける。ピラフと一緒に食べるとおいしい。

みんなレーズンをおやつでなく調味料として考えた料理。甘みをつけるだけでなく、フルーティで風味が出るんです。

お皿はイギリス、ウェッジウッド社のもの。

レーズンチキン

［材料］鶏もも肉4枚　玉ねぎ（みじん切り）1個分　レーズン140g　赤ワイン1カップ　シナモン2ふり　鶏ガラスープ1カップ　サラダ油大さじ2　塩、胡椒各適量　バター大さじ2

①玉ねぎのみじん切りをバターで炒める。
②鶏肉に塩胡椒し、サラダ油でソテーする。
③②の油をほどよく捨てて、①とレーズン、赤ワイン、シナモン、鶏ガラスープを加え、ふたをして20分間、火を通す。
④鶏肉を皿に盛り、フライパンに残ったレーズンソースをかける。ソースがゆるいときは、ふたをとって火にかけ、水分をとばす。温野菜やピラフを好みで添える。

梅干はわが家の常備品

私は小さいころから歯が丈夫で、今でも虫歯は一本もない。子どものときは梅干の種を歯でパリンパリンと割って、中から天神様を取り出すのが得意だった。それをテーブルにずらっと並べて、父や母に「ほう、すごいすごい」などと言われるとうれしくなってどんどん割る。種を割るためにはそのまわりの果肉を食べなければならないけれど、酸っぱいのが好きだから平気でいくつでも食べた。

結婚してからも梅干は常備品で、いつも欠かしたことはない。子どもが生まれてしばらくたって、仕事で台湾に行ったことがある。夫と子どもに留守番させて。台湾のお土産はサッカーボールよりひと回り大きいくらいの、脚つきの丸い壺だった。梅の絵がぎっしり描いてある。これは最初から梅干を入れようと思って買ったので、帰ってすぐに梅干をどっさり入れ、減るとまた足すというふうにしていたら、それから十数年、壺の脚のところがもろもろになってきて、ついに膝をつくみたいに折れてしまった。梅干の

酸と塩分が、土をとかしてしまったのかしらと思う。

梅干はもちろん炊きたてのご飯で食べる、というのがとてもおいしいわけだけど、果肉をスープに入れるという利用の仕方もある。ミネストローネに果肉だけちぎって入れて煮込むと、コクがあるのにサッパリしておいしい。豚肉（スペアリブ）と大根、にんじん、キャベツ、じゃがいもなどを水から煮込んで、梅干と鶏ガラスープを加えてまた煮て、塩、胡椒で味をつける簡単シチューも梅干が決め手になる。梅干を煮るとふくらんであんずのようになるのが、これがまたかわいらしい。

もう一つ。ワンタンの皮に、白身魚と梅干の果肉としその葉を入れて包み、熱湯でゆでて、冷水にくぐらせ、お醤油で食べる。口当たりがつるんとして、酸っぱくサッパリして、初夏のおつまみにぴったり。

梅酢にひと晩漬けた梅豆腐もおすすめです。

器はスウェーデンのガラス皿。

梅干ワンタン

［材料］白身魚（刺身用）100g　梅干の果肉大さじ3〜5　青じその葉10枚　ワンタンの皮1袋（25枚）

①白身魚は一口大のそぎ切りにする。
②せん切りにしたしその葉と梅の果肉をたたいて練り、①と合わせて、ワンタンの皮で包む（皮の縁に水をつけてはり合わせる）。
③これをゆでて冷水にとり、冷やす。砕いた氷の上に盛り、醤油をつけて食べる。冷やす前の、温かいままでもおいしい。

梅豆腐

［材料］絹ごし豆腐1パック　梅酢液（梅酢を同量の水で薄める）

水きりした絹ごし豆腐を梅酢液にひと晩漬ける。豆腐がピンクに染まって見た目にきれいだし、ほのかに酸っぱくなっておいしい。梅酢を薄めるのは塩辛くなりすぎるのを防ぐため。

食べてもおいしい桜

桜の季節。私が小さいころ住んでいた松戸の家の窓から、桜並木が見えた。桜が満開のころ、夜になってもそのあたりだけがうっすらとピンク色で、とても美しかった。ほんのりとしたその景色が今でも目に浮かぶ。その並木はみんな老木で、花のないときにそばで見るとゴツゴツしたおじいさんのような木だった。それが花の季節にはピンクの娘のようになる。

夫の実家も桜並木のまん前にあって、家から花見ができる。そこは昔は川で、両岸が桜並木だった。川があんまり汚れたので、ふたをして今は遊歩道になっている。だから桜が咲くと花見客がいっぱいで、屋台も出るし、カラオケも始まる。

去年は四月でも肌寒く、その遊歩道でコタツに入って花見をしている人がいた。人がゾロゾロ歩いているまん中だ。コタツからコードが長くのびていて、道をへだてた向こうのうちまで続いていた。

長男の中学の入学式の日、駅から学校までが桜並木で、花吹雪の中、学校まで歩いた

のもきれいな思い出だ。

「おにぎりに夕焼けがして桜吹雪」

これは父の俳句。父はおにぎり持って桜を見に行ったのかしら。

それで思い出したけど、おめでたいときに桜湯にする塩漬けの桜をあったかいご飯に混ぜておにぎりにするとおいしい。アルミホイルに包んで持っていくと、開いたときにほのかにいい匂いがして素敵です。

かつおぶしでだしをとったお吸物を作り、桜の塩漬けを振洗いして入れると、水中花のように開いてとってもきれい。そこにお豆腐などを加える。鯛の切り身なんか入れると最高だ。

鯛の炊き込みご飯もいい。お米に鯛の切り身とかつおだし（桜の塩漬けをだし汁の中でゆすぎ、取り出しておく）と酒、うす口醬油を加えて炊く。炊き上がったらさっき取り出した桜を混ぜる。

桜の塩漬けと鯛の塩焼きをご飯に混ぜれば簡単な桜ご飯になる。

花だけレンジでチンしてからプロセッサーで粉にすると、ピンクの桜塩になる。このお洒落な調味料は、最近の私のヒット作です。

バックは夫が描いたポスター。

桜ご飯

［材料］温かいご飯4杯　桜の塩漬け20本　鯛2切れ　塩少々

①鯛は塩をふって焼き、手でほぐす。

②ご飯に桜の塩漬けのみじんと①を加え、よく混ぜ合わせる。

桜の吸物

［材料］かつおだし3カップ　塩、醤油、酒各少々　桜の塩漬け適量　絹ごし豆腐適量

だし汁をお吸物味に味つけして、桜の塩漬け、豆腐を入れ、さっと煮立てる。お吸物は、桜が塩辛い分だけ薄味にしておく。

ココナッツミルクは生がいい?

アメリカ旅行の後はタイへ行った。旅の多い忙しい夏でした。タイへ行ったのは料理を食べるのが目的の仕事。タイのピンからキリまで料理を十日間で百種類以上食べた。観光料理は避けて、高名ではないけれど土地の人に好評なレストラン巡り。

ホテル主催の料理講習会も受けた。二つのホテルをかけもちして二つの講習会のお免状をもらった。アメリカでは北カリフォルニア・ジャパン・ソサイエティーの初代会長だった祖父の展覧会をしたので、孫の私が名誉会員のお免状をもらったから、この夏は計三枚のお免状をもらったことになる。

タイ料理は甘酸っぱくて辛くてスパイシー。それは椰子《やし》の砂糖、ライム、ナンプラー、青唐辛子をたくさん使うから。ココナッツミルクも大活躍する。ホテルの講習会でもココナッツミルクをたくさん使った。椰子の実を切って中の汁は捨て、まわりについているまっ白な果肉をそぎ取ってミキサーにかけ、ふきんで漉すとココナッツミルクになる。

ココナッツミルクは缶詰もあるけれど、現地の人はナマのほうがずっとおいしいと言う。私はまだ不慣れなので、ナマはなまぐさいと感じる。缶詰のほうがおいしいと思う。

ココナッツミルクとタロ芋を使ったあつあつデザートを屋台で食べた。これがおいしかったので、うちに帰ってすぐまねをした。タロ芋がないので、さつまいもを使って。

さつまいもを蒸して皮をむき、ココナッツミルクと砂糖を加えてミキサーにかける。これを熱くするとタイの屋台の味に近くなった。

あったかいのもいいけど冷めてもおいしい。フリーザーに入れ、たまにかき回して空気を入れて、シャーベットにしてみたら、これもおいしかった。

ココナッツミルクに牛乳と砂糖とふやかしたゼラチンを入れ、煮溶かしてから冷やして固めると、おいしいココナッツゼリーになる。

ココナッツミルクと牛乳と生クリームを四対二対一で混ぜてはちみつを入れたココナッツソースに、ナタデココか、ゆでたタピオカを加えて冷やしたデザートもいい。

器はイタリアのもの。

タイ風デザート

［材料］さつまいも中1本　ココナッツミルク1缶（400cc）　砂糖大さじ2

さつまいもを蒸して皮をむき、ココナッツミルク、砂糖と一緒にミキサーにかける。牛乳でのばしてもいい。

あつあつがタイ風だけど、冷たくしてもおいしい。蒸したさつまいもを少しとっておいてさいころに切って、飾りに浮かしてもいい。

火も包丁も使わないデザート

　幼児のために火も包丁も使わないお料理の本を作ったことは前にも書いた。火と包丁なしで料理ができるかしら？　と不安になったけど、パンにバターとハム、というのもサンドイッチの第一歩だと考えれば、いろいろアイデアも浮かぶのだった。野菜を手でちぎってマヨネーズかけてサラダにすることもできる。りんごをむくのはナイフがいるけど、バナナなら手でむけるし。

　デザートも考えた。編集部の女性と打ち合せ中、密閉容器に生クリームと砂糖を入れてよーくふると、はじめピチャピチャいってるけど、音がしなくなる。それでホイップクリームができることがわかった。これを果物にのせればすてきなデザートになる。

　こうして二冊の絵本『ひもほうちょうもつかわない平野レミのおりょうりブック』と『ひもほうちょうもつかわない平野レミのサラダブック』を作った。絵はまた二人の息子が描いた。

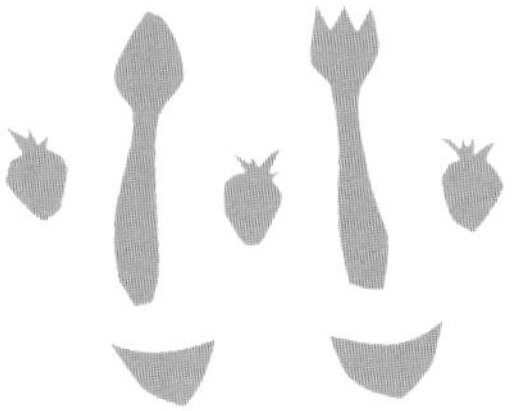

私はシャンソン歌手だけど、八木正生さんの紹介で「四季の味」に素人料理を発表してから、いつの間にか〝お料理の人〟になってしまった。でも〝料理研究家〟というのはおこがましいので〝料理愛好家〟と言ってます。それでもときどき講演などを頼まれて、お話と歌とお料理のセットで地方のホールを回ったりする。

ホールのステージには火の設備などないので、卓上コンロを使う。それもダメなときは火を使わないケーキをご披露する。ボウルの中に市販のカステラをちぎって敷きつめ、シェリー酒やブランデーを入れ、ナッツ類も適当に入れ、ジャムを入れ、ホイップクリームを入れる。冷蔵庫でよく冷やす。全体に味がなじんだらスプーンで取り分けて食べる、というもの。みんなに試食してもらう。

パック・デ・チョコ。牛乳のパックで作るチョコレートケーキだからこの名前です。牛乳の空きパックの中にビスケット、ホイップクリーム、とかしたチョコレート、炒ったくるみを入れて冷蔵庫で固めるだけ。夫と仲良しの黒柳徹子さんから教えてもらったものをアレンジして作りました。

器はロサンゼルスの陶器屋さん製。

パック・デ・チョコ

［材料］マリービスケット½箱　生クリーム1カップ　ブラックチョコレート80g　砕いたくるみ（またはアーモンドスライス）ひとつかみ　ブランデー大さじ2

①チョコレートと生クリームをボウルに入れて電子レンジでとかす。
②手で適当に割ったビスケット、くるみ（またはアーモンド）、ブランデーを①に加えて、よく混ぜ合わせる。
③1リットル入りの牛乳の空パック（よく洗っておく）に②をドボドボ注ぎ、冷凍庫に入れる。½パックの分量ができる。
④固まったらパックをビリビリ破く。パック・デ・チョコの出来上りが出てくる。好みの大きさに切り分ける。
①のプロセスさえしっかりしておけば、あとはパックの中に入れるだけの、手のかからない超簡単ケーキ。

レーズンの研究

カリフォルニア州のフレズノ市にぶどう畑を見に行ったことがあります。フレズノというところは砂漠のまん中にある町で、シエラネバダ山脈の雪どけ水を利用して灌漑《かんがい》用水をひいて、緑を育てています。カリフォルニアのぶどうはワインも有名だけど、レーズンを作るのがこのぶどう畑の役目。カリフォルニア・レーズンといえば、赤い帽子をかぶった女の子のマークを子どものころから知っていたから、何となく懐かしい気がしました。

大勢の人がぶどうを摘んで、地面に防水紙を敷いて、その上に房ごとずらーっと並べます。お日さまカンカン照りだけど汗が出ないほどカラッと乾いている土地だから、一週間で片側が乾きます。そしたらひっくり返してまた一週間。これでレーズンの出来上り。水で洗って乾かして箱に詰めるともう製品になっちゃう。

水で洗う前の、出来立てのレーズンを食べてみました。まだちょっとジューシイで甘くてとてもおいしい。

レーズンといえばおやつにつまむ感じですが、これをお料理に使ってみようと思いました。

レーズンは甘いものだから、お砂糖の代わりに調味料として使うのはどうかなと思って、まず豚の角煮でやってみました。普通は豚の角煮はお砂糖を使うのですが、お砂糖をまったく使わず、レーズンだけ。これが見事にうまくいきました。それが223ページの「レーズンポーク」です。

糖分以外にフルーツの香りがあって、コクと風味が出るようです。酸味のせいか肉がやわらかくなるような気もします。

酢豚もやってみました。あんかけの甘酢はもともと甘さと酸っぱさがほしいわけですから、砂糖と酢の代わりにレーズンを使って、醤油、酒、水でコトコト煮ます。ただしレーズンの酸っぱさは強くないし、煮てくうちに飛んじゃうから、酢は足します。片栗粉でとろみをつけて、揚げた豚にからませると、ひと味変わった酢豚になりました。ついでに皮つきりんごときゅうりをコロコロに切って、さっとから揚げして、豚と一緒にからませると、色もきれいでおいしくなります。

さんまでも試してみました。鍋に水とレーズンと酒と醤油を入れて煮立たせ、さんまのぶつ切りを入れます。落としぶたをして、二、三十分コトコト煮ると出来上り。お砂糖の甘さよりしつこくなく、このさんまはたくさん食べられちゃう。魚の臭みも消えます。

シチューもおいしい。豚バラ肉の角切りを水から煮る。アクをとりながら。にんじん、じゃがいもをコロコロに切って入れ、レーズンを入れる。ローリエも入れる。カレー粉も入れる。これは玉ねぎの代わりにレーズンを使ったんです。

レーズンはカレーのご飯に入っていることはありましたが、お料理の役に立つことはあまりなかったようです。調味料になるというのは実験してみてわかったことで、大発見のようでうれしいのです。

お砂糖のようにならないかと思って、電子レンジに入れてカリカリにして、フードプロセッサーで細かくしてみました。これはやっぱり糖分のせいでベタベタになってプロセッサーの容器の側面にはりついてしまい、粉にはなりませんでした。お砂糖みたいに紅茶に入れられないかと思ったのですが、これは失敗。誰か博士が科学的にやってくれないかなと思っています。

おわりに

この本は一九九三年四月から九四年三月まで読売新聞の日曜版に連載した「平野レミ・エプロン手帖」をまとめたものです。文章はほとんど連載のときのままですが、お料理のメニューは写真の都合などで変えてあるところもあります。

いつの間にか料理の仕事が増えたけれど、私はいつまでもアマチュアのつもり。台所にいることが好きな主婦です。専門用語もあまり知らないし、お料理はたいてい自己流です。自己流でデタラメのようでも、これとこれを組み合わせるとこんな味になる、ということは慣れてくるとなんとなくわかるようになります。

プロのお店で食べるときは、よくノートを持っていきます。メモなんかしていると嫌がられることもありますが、親切に作り方を教えてくれるシェフや板前さんもたくさんいます。でもプロの料理はたいてい材料が凝ったものだし、手間ひまかかるので、私は主婦らしい素材を使って時間もかからないように翻案しながら、プロの味に近づける工

夫をします。うまくいったときは一人でVサイン。

『エプロン手帖』を書きながら思ったのですが、私の料理の原点は、やっぱり母の味でした。それから父の趣味。結婚してからは夫や子どもたちの協力がありました。子どもたちは「まずい」とか「気持ち悪い」とかはっきり言うことが多いので協力とは言いにくいけど、厳格な批評家の存在は大事だと思います。

料理教室やテレビの仕事などで調理を手伝ってくれる仲間がいます。この人たちから教えられることも多いです。

お料理の本を作ったり、雑誌にオリジナル料理を発表したりするとき、写真はもちろんプロのカメラマンが撮ってくれます。食器を運んだり、テーブルコーディネートはスタイリストの担当です。でも今回のこの本では、自分でスタイリストをやってみたくなりました。自分でそろえた器がわが家にはたくさんあって、自分の料理を自分の器に盛りたくなったのです。

そうなると写真も自分で撮ってみたくなりました。私の夫は六〇年代に立木義浩さんにめんどうをみてもらって買った、プロ用のハッセルブラッドというカメラを持っていました。撮り方も立木さんの手ほどきを受けたんだそうです。このカメラをオーバーホールに出し、もう三十年も前のことだとブツブツ言いながら扱い方を思い出して、私に教えてくれました。

料理をし、盛りつけ、背景を考え、大忙しの撮影で、何度も失敗しながら五十一枚の料理の写真を撮りました。調理はいつもの仲間の一人、木嶋節子さんが手伝ってくれました。撮影助手は夫。

挿絵は新聞に連載のときから楽しい切り絵を作ってくれていた、舟橋全二さんです。皆さんどうもありがとう。

この連載のまん中のころ、東京鰹節類卸商業協同組合から、鰹節食文化大賞という賞をいただきました。連載の一回目がかつおぶしだったし、かつおぶし味こそお料理の基礎だと思っているので、とてもうれしいことでした。

一九九四年十月　平野レミ

夫に借りたハッセルブラッドと。自宅の庭で。

レシピさくいん

本書は一九九五年一月三十日に文化出版局より刊行された『平野レミのエプロン手帖』を大幅に加筆・修正した作品です。

「料理をおいしくするコツ」「ベロは不思議」「誰かのために」「私は料理愛好家」「夫は私の協力者」「『葉っぱ』はいいことだらけ」は『平野レミ・料理大会』（一九八六年・講談社）より、「ギリシャのサントリーニ島で」「しじみの研究」「人生最高のおにぎり」「ワインを飲む態度」「レーズンの研究」は『平野レミ・料理パレード』（一九九二年・講談社）より転載し、加筆・修正しました。

平野レミ（ひらの・れみ）

料理愛好家、シャンソン歌手。主婦として料理を作り続けた経験を生かし、NHK「平野レミの早わざレシピ」などテレビ、雑誌を通じて数々のアイデア料理を発信。また、レミパンやエプロンなどのキッチングッズの開発も手がける。二〇二二年、『おいしい子育て』（ポプラ社）で第九回料理レシピ本大賞エッセイ賞受賞。著書に『ひもほうちょうもつかわない　平野レミのおりょうりブック』（福音館書店）、『ド・レミの子守歌』（中央公論新社）、『平野レミのオールスターレシピ』（主婦の友社）、『家族の味』（ポプラ社）など多数。Twitter（@Remi_Hirano）でも活躍中。

エプロン手帖

二〇二三年二月十三日　第一刷発行
二〇二三年四月十二日　第二刷

著者　平野レミ

発行者　千葉　均

編集　辻　敦

発行所　株式会社ポプラ社
〒102-8519　東京都千代田区麹町4-2-6
一般書ホームページ www.webasta.jp

組版・校閲　株式会社鷗来堂

印刷・製本　中央精版印刷株式会社

Printed in Japan N.D.C.914/255P/19cm ISBN978-4-591-17693-1
P8008414